蒙台梭利敏感期早教手册

0~6岁运动系统训练全书

【意】蒙台梭利 / 著　　张丽　孙丽娟 / 编译

世界百年教育
经典解读书系
100

Montessori's Sensitive Education Handbook
Movement System Training Strategies for 0~6 year-old Children

北京理工大学出版社
BEIJING INSTITUTE OF TECHNOLOGY PRESS

版权专有　侵权必究

图书在版编目（CIP）数据

蒙台梭利敏感期早教手册.0～6岁运动系统训练全书 /（意）蒙台梭利著；张丽，孙丽娟编译. —北京：北京理工大学出版社，2017.1（2020.3重印）

ISBN 978-7-5682-3237-1

Ⅰ.①蒙…　Ⅱ.①蒙…　②张…　③孙…　Ⅲ.①运动训练—学前教育—教学参考资料　Ⅳ.①G613

中国版本图书馆CIP数据核字（2016）第244295号

出版发行 / 北京理工大学出版社有限责任公司
社　　址 / 北京市海淀区中关村南大街5号
邮　　编 / 100081
电　　话 /（010）68914775（总编室）
　　　　　（010）82562903（教材售后服务热线）
　　　　　（010）68948351（其他图书服务热线）
网　　址 / http://www.bitpress.com.cn
经　　销 / 全国各地新华书店
印　　刷 / 保定市中画美凯印刷有限公司
开　　本 / 880毫米 × 1230毫米　1/24
印　　张 / 8.25　　　　　　　　　　　　　　责任编辑 / 刘汉华
字　　数 / 102千字　　　　　　　　　　　　文案编辑 / 刘汉华
版　　次 / 2017年1月第1版　2020年3月第13次印刷　责任校对 / 周瑞红
定　　价 / 32.80元　　　　　　　　　　　　责任印制 / 马振武

图书出现印装质量问题，请拨打售后服务热线，本社负责调换

作者简介

1870年8月31日,玛利亚·蒙台梭利(Maria Montessori, 1870—1952年)在意大利安科纳(Ancona)地区的基亚拉瓦莱(Chiaravalle)小镇降生。当时为这个孩子的到来而欢庆的人们不会想到,在接下来的一个多世纪里,她会给整个世界的儿童教育带来那么巨大的影响,全世界会有那么多的儿童因她而获得一个幸福的童年和成功的人生。

蒙台梭利家境很好,深深宠爱她的父母让她接受了良好的家庭教育。5岁时,父母带她移居罗马。在那里,她开始接受系统的教育。蒙台梭利学习成绩优秀,1890年进入罗马大学读生物,26岁获得罗马大学医学博士学位,成为罗马大学和意大利的第一位女医学博士。

蒙台梭利进入医学界后首先担任的是助理医生职务。在临床工作中她发现,当时的意大利人居然把智障儿童与精神病患者视为等同,并把他们一起关在疯人院里,这让充满爱心的蒙台梭利极为震惊,同时对这些智障儿童产生深深的同情。从那一刻起,她就把关爱、教育儿童作为自己的研究课题。透彻研究儿童发育规律,让世间所有的孩子都受到最好的教育,都

作者简介

能快乐地成长——这成了蒙台梭利奋斗的方向。

1898年,在都灵召开的教育会议上,蒙台梭利发表了自己的演讲——《精神教育》。从那时起整个世界都认识了这位年轻、睿智的儿童教育专家,她所创立的独特的幼儿教育法也逐步被推广到了全世界。1907年,罗马贫民区出现了世界上第一所"儿童之家",这是蒙台梭利为推广儿童教育而迈出的重要一步。通过"儿童之家",蒙台梭利的教育理念得到了更好的诠释和推广,无数儿童也因为这个后来发展为世界性机构的教育组织而获益。1909年,蒙台梭利创作完成《学龄前的儿童自动教育》。该书一经出版,就被译成20多种文字,先后有上百个国家引进。此后,她又先后撰写了《有吸收力的心灵》《童年的秘密》《发现孩子》等多部图书,给西方世界的儿童教育工作带来极大影响。

蒙台梭利的贡献为她赢得了世界性的荣誉。她曾荣获法国"荣誉社团会员勋章"、安科纳和米兰的"荣誉公民"称号,成为荷兰阿姆斯特丹大学的"荣誉哲学博士"、苏格兰教育研究院的"荣誉院士"。1949年、1950年和1951年,她连续3次获得"诺贝尔和平奖"提名。

1952年5月6日,被称为"20世纪给科学带来进步的最伟大的教育家"蒙台梭利女士逝世于阿姆斯特丹,享年82岁。

前 言 Preface

对于每个家庭来说，孩子都是天使，都是阳光，都是未来的希望。虽然他们也许会给家庭带来一些小麻烦，但是没有哪个父母会因此而忽视孩子的成长，延缓对他们的培养。

现代社会中，随着传统教育方式弊端的逐步显现和西方教育观念的冲击，中国的年轻家长们越来越迷茫。事实上，不仅现在的年轻父母遇到了教子难题，就连经验丰富的育儿工作者也常常困惑，众说纷纭，莫衷一是，"虎妈猫爸"纷纷登场。在这种情况下，怎样才能让孩子获得最适合的教育？

20世纪初，一位著名的教育家走进了人们的视野，她的教育理论为幼儿教育带来了新鲜的空气，她的教育方法让束手无策的家长们见到了光明。这个人就是玛利亚·蒙台梭利（Maria Montessori）。经过近百年的研究、实践和发展,她的育儿理念和方法形成了完备的体系,给全世界的儿童教育提供了指导。现在,这种方法也进入我国,开始给中国父母提供建议和指导。

给孩子自由才是真正的爱

所有接受过蒙台梭利指导的家长都会感到一丝尴尬:很多时候,成人是在为孩子的成长设置障碍。刚刚降生于世的孩子是柔弱的,他们无法以一个独立的人的身份行使自己成长的权利。在很长一段时间里,他们面对的都是成人想当然的教育。中国传统教育讲究"棍棒底下出孝子",讲究严苛的诗礼传家;西方讲究"绅士的教育",讲究放养、自立……可不管是哪种教育,家长们都没有仔细思考过自己所给予的是不是孩子所希望和要求的。

经过多年的研究和教育实践,蒙台梭利注意到,所有的孩子——哪怕是刚出生的婴儿,都有自己的成长规律和心理需求,他们在潜意识里清楚地知道自己想要学什么、如何学。如果成人不加干涉,只是提供保护与帮助,那么孩子自己就能够走得很好,可这一点却在过去的几千年里不为人知。人们所提出的各种幼儿教育理论,并非建立在了解幼儿本

前 言
Preface

身心理状况的基础之上——家长只是以成年人的眼光、心态及心理需要对幼儿进行培育和教育。于是才有了那么多对孩子的"塑造"和对孩子成长过程的曲解。所以，在对孩子进行教育的时候，理解他们的需求，给他们真正的自由，才是真正的爱。

教孩子要巧借敏感期规律

给孩子自由，不代表要对孩子放任自流。这种"自由"是指，当孩子沿着成长规律前行的时候，家长不要多加干涉，相反，应该给他们帮助，让他们能够更加自由、更加科学地以自己的意志成长。家长这时候要做的是引导，而不是约束。说到"引导"和"帮助"，就必须理解蒙台梭利的"敏感期教育"理念。

在蒙台梭利看来，孩子的各项能力发展都有一个"敏感期"。在该项能力的敏感期内，这项能力随时都会处于一种积极的接受和成长状态。如果能够在这时给它以适当的刺激，它就会以惊人的速度发展成长。当敏感期结束后，这种积极的力量就会逐渐消失。如果错过了这个敏感期，虽然不会给孩子造成灾难性的影响，但却会给他在这个方面造成遗憾和障碍。例如，我们经常提到的"狼孩"就是因为错过了语言、智力、秩序等方面的敏感期而面临终生的伤痛。

蒙台梭利经研究总结出的儿童敏感期主要包括：0~6岁的语言敏感期，2~4岁的秩序敏感期，0~6岁的感官敏感期，0~6岁的动作敏感期，3~6岁的书写敏感期，4~6岁的阅读敏感期。

要想让孩子能够在未来有更好的发展，家长就应该在孩子的敏感期内对他们进行适当的教育、引导，促进孩子各项机能的正常发育，以免贻误时机。

给孩子好的教养从科学入手

经过多年的推广和引导，许多家长已经对蒙台梭利的教育方法有所了解，但是如何正确使用，如何让孩子真正获益，还需要一个科学的学习过程。

通过多年幼儿教学研究，我们发现广大家长在学习、使用蒙台梭利教育方法的过程中，普遍遇到了以下几个难题：

首先，蒙氏的原著很零散，很难懂。蒙台梭利的教育理念分散于她的一系列著作中，几乎每部作品都反复强调了几个关键点，如"心理胚胎""敏感期教育""蒙氏游戏训练法"等。这些零散的论述让

前 言
Preface

家长很难形成系统的认知,尤其是在更实用的蒙氏游戏训练法方面,更是如此。

其次,蒙台梭利的训练方法主要是针对儿童群体进行的,其中大多数方法需要多名儿童配合才能完成。这让想在家里对孩子进行蒙氏训练的父母无所适从。

最后,蒙氏的有些理念与中国国情有一些小的冲突,而且有些理念是以她所处的时代为出发点,所以略显陈旧,这些问题对于非专业的家长来说,有些难以取舍。

根据这些问题,结合多年的蒙氏教育经验,我们特意编写了本套丛书。它具有以下两个特点,同时也是家长使用本系列图书时应该重点注意的方面:

1. 以实用的蒙氏敏感期教育为骨架,分为五册,从感官、语言交际、运动系统、品格习惯及智力发展五个方面,帮助家长针对儿童能力成长进行培养给予指导。

我们打乱了蒙台梭利原系列著作的编排方式,将某一个成长能力方面的内容从各部著作中提炼、集中起来,按照符合儿童成长规律的逻辑顺序形成教育指导体系,这样可以让家长对蒙氏教育的某一方面有更清晰的了解和认识。

在书中，一方面，我们保留了蒙台梭利在相关方面的研究叙述，让广大家长对蒙氏训练和游戏有一个原始而直观的认识；另一方面，我们也根据近年来的蒙氏研究，针对中国的国情和家庭教育现状，给出能够与中国家庭教育相结合的专家指导意见。让家长既能理解原著的精髓，又能有所提高和进步。

2. 我们保留了蒙台梭利的游戏培养体系，同时也根据她的理论精髓和近百年来蒙台梭利教育学研究的成果，设计了一大批适合中国家长在家庭内部使用的训练方法。这些方法的关键不在于蒙氏教具的"原装性"，而在于能否体会蒙氏教具的设计精髓，进而在家中就地取材，找到适合我们使用的教具、玩具、道具，找到适合中国孩子的游戏方式。有了这些游戏，我们就可以"在家也能运用蒙台梭利法"。

此外，在游戏设计中我们也注意到了游戏的扩展。通过专家们总结出来的蒙氏游戏原则，家长可以在本系列图书提供的游戏基础上，设计、延伸出更适合自己孩子的游戏方法，这对我们进一步深化使用蒙台梭利教育法有着非同一般的意义。只有这样，我们才能让孩子真正体会蒙台梭利教育的精髓并为之获益。

蒙台梭利女士的睿智和努力让世界各国的孩子都因此获益。她那些着眼于孩子自身的心理及生理发育规律，从孩子需求角度出发设计的训

前 言
Preface

练法是真正值得我们学习的。理解她的理念,通晓她的方法,再结合我们对蒙氏教育理念多年的研究成果,相信一定能够为正在育儿道路上迷茫探索的年轻父母们排忧解难,让孩子健康、聪明地成长!

编 者

目录 Contents

PART 1 儿童运动的本能与意义

运动锻炼与孩子的心理成长息息相关 / 002

运动与语言、肌肉的发展 / 009

运动与工作能力的发展 / 013

PART 2 为孩子提供美丽、适宜的运动环境

给孩子适宜环境的重要作用 / 018

这样做，孩子会有合适的成长环境 / 022

给"自由的运动"加点料 / 030

蒙台梭利"儿童之家"的环境设置 / 035

PART 3 模 仿

| 孩子的模仿行为 / 042

| 给孩子自由活动的空间,不要随意打扰 / 046

PART 4 行动的节奏和人运动神经的锻炼

| 儿童行动的节奏与成人不同 / 052

| 孩子的运动神经锻炼 / 056

| ※肢体运动之运动神经、平衡能力训练 / 058

    滚被子 / 058

    宝宝会飞喽 / 060

    妈妈在哪里 / 062

    动作模仿秀 / 064

    挣脱毛巾小牢笼 / 066

    坐爸爸滑梯 / 068

    推倒"不倒翁" / 070

    坐转椅 / 072

    单腿独立 / 074

    走独木桥 / 076

    打"自制保龄球" / 078

    单手拍球 / 080

目录
Contents

卷纸棒 / 082
传球游戏 / 084

PART 5　帮孩子做好手和脚的锻炼

孩子需要有一双灵巧的手 / 088
孩子学习行走的历程 / 095
初学走路的孩子要"照顾" / 101
不要让保护成为障碍 / 105
※肢体运动之四肢能力训练 / 110

　　小脚丫，踢彩球 / 110
　　抓玩具 / 112
　　放进去，倒出来 / 114
　　推着椅子走 / 116
　　弯弯曲曲走小路 / 118
　　爬梯子 / 120
　　用汤匙舀豆子 / 122
　　追球跑 / 124
　　跳格子 / 126
　　穿针引线连彩珠 / 128

走脚印 / 130
捡豆子 / 132
插花 / 134
放进去，倒出来（进阶篇）/ 136

PART 6 适宜孩子做的肌肉锻炼

锻炼肌肉宜于孩子的成长 / 140

锻炼孩子肌肉的方法 / 143

※肢体运动之肌肉能力训练 / 152

原地转圈 / 152
钻山洞 / 154
拉大锯，扯大锯 / 156
宝宝爬行大练习 / 158
大车小车一起开 / 160
推小车 / 162
玩沙子 / 164
踩影子 / 166
拔河游戏 / 168
吊单杠 / 170
小动物，跳啊跳 / 172
单腿跳 / 174
"投壶"游戏 / 176
报纸大战 / 178

PART 1
儿童运动的本能与意义

运动锻炼与孩子的心理成长息息相关

运动与语言、肌肉的发展

运动与工作能力的发展

运动锻炼与孩子的心理成长息息相关

首先我们来了解一下人类极其复杂的运动神经系统。大脑负责发号施令,感觉器官负责收集和传送感官信息,肌肉负责执行运动指令。肌肉实际上可以算作神经系统操控下的一个系统。当肌肉与其他器官相配合的时候,人类才有与环境建立交互联系的可能。从这个角度来说,大脑、感觉器官以及肌肉应该被统称为"关系系统",它们作为人体最重要的组成部分,相互协调配合时就可以完成人体的运动。关系系统的重要作用就是沟通人与外部世界,使人与外部世界——包括与社会中的同类建立联系。

与这三个系统相比,人体内的其他组成部分是无法与外界交互、接触的,它们更多的是负责维持人体的生存,所以这些组成部分通常被称

PART 1
儿童运动的功能与意义

为"生存系统器官"。生存系统器官负责人生理方面的成长,保证生命的存在;关系系统对外负责维持人与外界的沟通,对内负责捋顺心理方面的发展。

与生存系统器官的作用不同,神经系统虽然也要辅助人体维持生存和健康,但是它却有着特殊的存在意义。没有神经系统,我们就无法欣赏大自然优美的景色,看不到广阔的天地,甚至无法思考,无法想象。

如果仅仅是以完善自我、提高自己的精神水平为目标,那么我们很容易就会陷入自我满足的桎梏,这无疑是一个令人遗憾的结果。就像动物有美丽的皮毛和矫健的身姿,但它们之所以是动物,而不是万物之灵,就是因为它们没有更长远、更有意义的目标。与动物相比,人类则完全不同。从自然的角度来讲,我们在生理和心理上无疑有着更高的追求,但这依然不是生命的终极目标。大脑和肌肉的存在绝不仅仅是为了维持生存,它们还有着让世界更完美运转的使命。换句话说,我们需要通过大脑和肌肉的协同作用,不断完善自己的精神、情感和道德。这一方面会让我们的心理得到满足,另一方面——也是更重要的一个方面,会让我们所存在的这个宇宙、这个世界的精神境界更加完美。

人类社会中,精神的力量是永远不可低估的。最大限度地发挥它的作用,让社会中所有的个体都感受到它的威力,是我们人类生存的重要任务。要做到这一点,就需要用语言和行动将其传播开来。当个体的精神力量超越了服务自身的限制,广为流传,并造福社会的时候,个体生命的意义才会充分发挥出来。与这种生命的存在方式相比,如果我们只是为自己服务,只注重自己的成长,那么精神层面无疑就会被降低,人生的意义和目的也随之流入下层。这种做法百害而无一利。

对此,我们还可以从另一个角度去看待正确发展、使用自然赋予我们的能力的意义。

我们知道,只有心、肺、胃等器官运转正常时,我们才会有健康的体魄。同理,只有当大脑、感觉神经和肌肉协调运作时,我们的关系系统才能发挥作用。这也是人体能够自由行动的基础。三者之间只要有一个"罢工",恐怕我们就难以维持正常的运动运作。三者之间的关系意味着,想让大脑发挥思考的作用,身体的其他器官就必须平稳运行,相互协调,缺一不可。由此延伸,人要想获得良好的精神状态,就必须保持良好的运动状态。关系系统的三个组成部分共同构成了一个整体,也只有作为一个整体,它们才能协力完成某种工作。

在实际生活中,我们总是犯一个错误:将运动与其他人体功能区别对待。在很多人眼里,肌肉仅仅是维持人身体健康的一个器官,认为体育锻炼除了维持健康外别无他用,或者说,如果不是为了改善人体的呼

PART 1
儿童运动的功能与意义

吸、饮食和睡眠,体育锻炼可有可无。在这种思想主导下,学校展开了错误的体育教学。如果要对这种错误认识做一个评价,那么就可以说这如同是安排一位尊贵的王子去牧羊。问题是,肌肉系统这位王子怎么能仅仅用来牧羊?

错误观念带给孩子的伤害是巨大的。运动与思维发展遭到了割裂。事实上,睿智的教师在给孩子安排课程的时候,应该同时兼顾心理和生理两方面的健康成长,尊重孩子的天赋能力。大自然要求我们必须保持心理和生理同步成长,那么我们就不应该人为地打破这个平衡。体育锻炼的目的并不仅仅是维持身体健康,还包括其他多种重要的意义。例如,当运动和大脑合作时,就会迸发出意想不到的效果。这个效果并不是说思想和行动相结合,而是通过运动的方式来体现某种更高层次的生命形式。

一个只有肌肉没有大脑的人,只能毫无意识地肆意成长,而一个没有肌肉只有大脑的人,恐怕也无法维持生命的延续。可以说,肌肉是人类表达思想、完成独立的基础。正因为有了它,人类才能够充分利用大自然所赐予的一切。

动物想要表达意图,就必须依靠动作完成。由此及彼,我们人类的运动也会有这方面的作用,应该得到重视。即使是能言善辩的哲学家,在表达自己的思想时也要通过说话或者书写的方式来实现目的。这两种方式无疑也算作是肌肉运动的一种。如果不能做肌肉运动,那么即使有再高深的思想也无用武之地。

总之,现在,社会中许多教育者所普遍认为的运动和肌肉系统只在生理方面起作用的观点无疑已经落后了。我们还应该认识到,运动与心理也有着相辅相成的关联。心理发展和精神发展都离不开运动,倘若没有运动,人类想要健康成长就只能是奢望。

摘自《有吸收力的心灵》

给中国家长的话

孩子的运动能力与其心智和心理成长密切相关——即使是现代的父母也很少能认识到这一点。在平时的教学沟通中我们发现,许多家长觉得自己的孩子有些沉默寡言,不善交际,于是他们就将这种现象的原因归结于孩子社交活动少或者是天生性格使然。我们给出的建议就是,多让孩子出去活动,不管有没有小朋友和他一起玩,只要能让孩子尽情玩耍,释放体力,就能够改变孩子的这种精神状态。这个方法被证实是很

PART 1
儿童运动的本能与意义

有效的。

通过运动改变孩子心理成长状态的案例还有很多，我们在这里就不一一列举了。总而言之，如果年轻的父母正在为孩子某一时间情绪或者类似的问题而烦恼，那么带他们出去多多锻炼，多多玩耍，多多释放精力，一定是个不错的解决途径。

运动与语言、肌肉的发展

运动锻炼对于孩子来说意义重大,这在孩子的语言发展和生理肌肉发展等方面都有令人瞩目的作用。

从语言发展角度来看,要想不断提高语言能力,发音器官就要不断成长、进步;要想让发音器官成长、成熟,那么发音器官的肌肉和结构生长就是重中之重,这里面的关键就在于发音器官必须不停地运动且投入使用。除了发音器官,语言的另一个基础——智力的成长也得益于运动。这一点前面我们已经进行了详细的讨论。成熟的智力与运动训练两者之间相辅相成,相互依存,可以说是人体这个整体系统下的两个彼此关联的部分。此外,感觉器官的成长也会对语言能力的提高有所帮助,因为它直接关系着孩子心理和智力的发育,而感觉器官的发育也依存于

PART 1
儿童运动的本能与意义

运动。

从生理肌肉的角度来看，运动的作用更是至关重要。

肌肉可以说是人体系统中最大的组成部分，它包裹着起支撑作用的骨骼，共同形成了一个独特的结构。可以说，骨骼和肌肉的结合是地球上大部分动物的共有特征。它决定了动物的运动能力和水平。

当一块肌肉向某个方向拉动时，与它相对应的另一块肌肉就会反方向拉伸。两者共同作用，最终形成强有力的动作。两者之间作用力量越大，形成的动作就会越精细。要想锻炼这一组肌肉之间的和谐度，最好的方法就是不断重复两者之间的协作运动，或者锻炼两者之间的新的协作方式。

这种和谐可以说是矛盾的、源于大自然的和谐。它控制着我们一切有意识的动作。地球上所有的生灵都是依靠这种矛盾的和谐来运动和展现自我特征的。不管是老虎跃起时的威猛还是松鼠觅食时的精巧，都是由这组相反的力量组成的，就像两个朝着相反方向运动的齿轮能够带动钟表精确地转动一样。

人体的每一个动作背后都有一套独特而灵活的运动机制，在这方面，人类的能力并非天然生成，而是靠一系列联系活动后天完善而来。与动物相比，人的肌肉组成无疑更加丰富，这是人类能够完成许多动物不能完成的动作的基础。这并不是说人类的力量就要比动物强大，而是说人体肌肉间的协作更加和谐完美。强大与和谐两者，各代表着不同的意义。

刚来到这个世界的时候，人是无法协调好自己的肌肉运动的。要想做出准确而灵敏的动作，发达的肌肉和具有控制力的大脑缺一不可。刚出生的婴儿无疑是不具备这两种条件的。但是，人天生有一种内在的、能够帮助自己逐渐达到和谐的力量。随着不断的练习，人逐渐会使用这种力量来完善自我。运动能力就是完善的重要目标。

与动物有区别的是，人类的运动方式具有明显的多样性。动物天生就能够跑、跳、攀爬或者游泳，人类做不到这一点，但是人类却有非同一般的学习能力，这种独有的能力让人类可以很快学会其他动物的运动方式，甚至逐渐做得比动物还要好。当然，这种学习的能力不是轻轻松松就可以发挥作用的。它需要经过不断的努力和反复的练习，才能真正爆发出夺目的绚烂。在练习的过程中，肌肉之间的工作会越来越协调，肌肉与神经之间的配合也逐步达到最和谐的状态，最后都归于意志智慧之下，形成流畅而精准的动作。

事实上，没有人能将自己体内的肌肉力量全都发挥出来。这就像一个人有无数家财，但绝对不可能在有生之年全部用完一样。虽然用不完

PART 1
儿童运动的本能与意义

财富,但是可以选择如何去用。孩子不能发挥自己的全部肌肉能力,但是可以通过选择长大成人后成为运动员或者演员来决定自己将来到底发挥哪种力量。人的肌肉能力绝非天生,他可以通过后天意志的选择和锻炼来选择自己的肌肉发展方向。

幸运的是,人的肌肉拥有天生的潜力。通过大脑的指挥,人可以在无限的选择中选定自己想走的道路。这时候,人的意志成了决定的力量。

自然界中,同一种动物随着成长会出现越来越相近的行为模式,这一点人类与之相反。社会中,每个人都会选择自己独特的发展方向,即使是从事相同工作领域的人,在研究方向和工作方式上也会各异。这就像我们每个人都会写字,但是字体却从没有一模一样的。这也是人类意志和肌肉能力发展各不相同的结果。

摘自《有吸收力的心灵》

给中国家长的话

说话是一个生理和心理双重作用的过程,但归根结底它还是一个运动的过程。没有肌肉、骨骼、神经等运动组织的配合，人是无论如何也无法说话的。至于运动和肌肉的关系，更是人所皆知。所以，从这个角度说，要想促进孩子在各方面的发育，就必须重视运动的作用。不仅仅是在孩子幼年时期保持重视，哪怕是孩子到了小学或者更高的年龄阶段，也不能忽视。

PART 1
儿童运动的本能与意义

运动与工作能力的发展

工作、思维和运动相辅相成：人的所有工作都需要运动来完成，反过来，人的运动能力也需要工作促进成长，工作则是思想的外在表现。

如果人的肌肉系统没能获得良好的发育，或者承担了远超其承受能力的工作强度，那么相应的，人的心理也必然会受到影响，滞留在较低的水平。所以我们一直强调，工作能够影响人的心理。如果一个人始终没有投入好的工作之中，那么他的心理必然会受到打击，因为他的肌肉潜能无法得到发挥，甚至会因为过于频繁的使用而缩短寿命。

从这个循环出发，学校设计体育课，并且加强孩子的体育锻炼，是非常有意义的。由于学校的体育课设计会遵循科学的原则，所以孩子能将脑力活动和体力活动交替进行，做到劳逸结合。在此过程中，孩子的整个肌肉组织都将获得锻炼。

有些学校在这方面做得不够好。曾经见过一个学校,非常重视书法课,轻视体育课。之所以这样是因为,他们的教学目标是把孩子培养成职员。这种做法无疑是错误的,因为这种专项练习无法达到我们锻炼孩子体能、促进肌肉系统发育的目的。孩子必须通过提高运动协调能力来完善自己的心理,转过头再通过心理来影响运动。如果不进行运动,独立发展的大脑就会有缺陷,进而造成对运动的控制能力下降。这种情况对孩子的未来是非常不利的!因为在人类适应环境的过程中,可控的运动具有无可替代的作用。

现今社会中,人们关注更多的往往是自我的完善和自身价值的体现。这种情况在了解了运动的真实含义后就一定能有所改变。生命与非生命之间的差异就在于运动。所有生命的运动都不会是毫无目的的,它遵循着生命的意志,遵循着自然运行的规律。如果一切运动都停止了,我们能想象出那是怎样的场景吗?当植物不再生长的时候,花朵和果实将永远消失,空气中充斥的只有致命的毒素;当鸟儿不再展翅,昆虫不再爬行,动物不再觅食,鱼儿不再游泳……这将是多么可怕的场景啊!当然,这种情况并不会发生在地球上。大自然中的每一种生物都有其独特的运动方式和目的,这些运动彼此影响,形成一个和谐而平衡的整

PART 1
儿童运动的本能与意义

体，最终服务于某一个共同的目标。

所有生命都需要运动，人类也不例外，而人类的运动与工作密不可分。如果人类完全停止工作，恐怕人类文明维持的时间将不会超过1个月。所以，运动对于人类来说意义并不仅限于健康，还有更高的目的因素。如果一个人运动的目的仅仅是锻炼身体，那么他的所有能力和发展潜能都将丧失殆尽。

从个人的运动推而广之，在全社会范围内，以建立秩序为目的的运动都是整个社会运作的基础。社会中的个体除了为自己的生存而运动以外，他还要为整个社会服务。这种服务就是前面我们说的，为了一个共同目标而进行的运动。所有人类的运动核心都包含这个目标：不仅仅为了满足自我，也为了满足社会。例如，我们打扫室内卫生，这不仅是为了让自己的生活环境干净一些，也有为他人服务的意义包含其中。哪怕是一些非常个人化的行为——例如跳舞，也是有供他人欣赏的意义与目的在内的。

总而言之，我们必须明白，所有生命存在的基础都包含运动，而这些运动又绝不会仅仅是为其自身服务。只有了解了这一点，我们才能更深刻地理解孩子的某些行为，并且针对这些行为给他们提供指导。

摘自《有吸收力的心灵》

给中国家长的话

孩子运动能力的高低将决定他们今后的工作能力的高低——这个论断不禁让人惊讶。但蒙台梭利用精辟的论证向我们展示了这一论断的根源。对于脑力劳动者而言,决定其工作能力高低的智力因素与其运动锻炼息息相关;对于体力劳动者而言,是否有充足的体力和精准的动作也深受其运动状况的影响。为什么许多音乐世家、手工世家从孩子很小的时候就对他们进行运动和肌肉方面的专项训练?原因就在于,这些训练是将来孩子拥有相对应工作能力的基础。

我们现在无法预测孩子长大成人后会从事什么工作,因此为孩子从事各项工作都做好准备就很有必要。换句话说,如果能够通过运动训练给孩子打造健康的体魄和优秀的活动能力,那么他在将来的生活和工作中就会有更多的选择余地。

当然,还有一点可能家长会不自觉地忽视:孩子的运动是有门类的,而这些门类和特征又会对孩子的兴趣发展造成深远的影响。例如有的孩子从小就喜欢球类运动,尤其是足球运动,最后他从事与体育行业相关的工作的可能性就要大很多。

PART 2
为孩子提供美丽、适宜的运动环境

给孩子适宜环境的重要作用

这样做,孩子会有合适的成长环境

给"自由的运动"加点料

蒙台梭利"儿童之家"的环境设置

给孩子适宜环境的重要作用

环境对生命的重要性早已被科学家所证实。达尔文先生在他的进化论中指出，环境对物种的繁衍，社会化形成、甚至变异都有着巨大的、甚至是带有戏剧效果的影响。对这一理论，法国昆虫学家法布尔的研究也给出了佐证。通过对昆虫生存环境的研究，法布尔让人们对昆虫的生命成长过程有了新的认知。这项研究也让人们有了另外一个认识：要想研究透一种生物，那么就必须将这种生物置于它所生存的环境中去才可以。这个法则对于人类也同样适用。

回顾、研究人与环境之间的关系我们会发现一个有趣的现象：与其他动物不同，与其说人类是在不断适应环境，还不如说人类逐渐创造环境来适应自己。每个人都处在一个社会环境中。在这个环境中，有一种

PART 2
为孩子提供美丽、适宜的运动环境

特殊的精神力量蕴含其中，它促使人们形成了和谐的社交人际圈。如果一个人无法适应自己的生存环境，无法运用这种特殊的精神力量，那么他就不能发挥自己的潜能，甚至无法了解自己。新时代教育思想的一个重要方面就是，唤醒孩子适应环境与社会的能力，使他们逐渐拥有、学会运用这种特殊的精神力量，能够与同伴和谐相处。

教育理念虽好，问题也随之而来：孩子们很难有一个适合自己的环境。所有的孩子其实都是生活在成人世界里的，这对孩子的人格发育有相当明显的影响。最直观的表现就是，孩子身边物品的尺寸要远大于他们自己能够使用物品的尺寸，这导致孩子很难对这些东西产生认同感。相应的，这些东西要想对孩子产生锻炼效果，也是难上加难。

物品尺寸不合适对孩子成长造成负面影响仅仅是环境不合适的一个表现方面。除此以外，孩子还要面临各种问题。在这种不协调的环境下，他想要做什么都会感到束手束脚。这就像一个人面对着一个技术高超的杂技表演者时，即使他再努力、再聪明，想要模仿对方也很困难。杂技表演者也会觉得，模仿者过于笨拙。尤其是当模仿者想跟在他的身后慢慢学习时，杂技表演者一定会失去耐心。最终，受到伤害的一定是模仿者。想一想，生活中我们的孩子是不是也在面临着这个模仿者的困境？我们这些家长面对孩子时，是不是也有类似杂技表演者那样的想法和态度?所以说到这里,我忍不住想给家长们一个建议:如果你家有三四岁大的孩子,请给他们充分的自由,让他们去做想做的事——自己梳洗,自己换穿衣服,自己吃东西……

摘自《发现孩子》

给中国家长的话

蒙台梭利的这段给孩子提供适宜环境的论述,并不仅仅是从给孩子提供良好运动环境的角度出发的,而是从观念、社交和环境适应等多方面进行阐述。在这里,她所提倡的是给孩子一个适宜、宽松的环境,这种环境包含两个方面:一是适合孩子成长、运动的物质环境,这一点在下面蒙台梭利还将详细论述;二是给孩子一个宽容的软性环境。这其中,比较难以改变的其实是第二点。第一点,只要有一个标准,父母只要有意识地去布置,就可以达到,但是第二点上,很多父母都认识不到或者做不到。

例如蒙台梭利最后提议的那些,许多父母都会因为孩子小或者做的事情可能有危险而越俎代庖。结果呢?孩子得不到应有的锻炼。这在孩

PART 2
为孩子提供美丽、适宜的运动环境

子小的时候也许表现还不明显,但是随着他年龄的增长,一定会显现出很多的弊端。所以,该放手的时候还是要放手。只要给孩子规避严重的风险,其余的,多让孩子自己尝试一下还是可以的!

这样做,孩子会有合适的成长环境

　　如果我们"有幸"变成孩子,在家长替我们布置的环境里生活一天,相信几乎所有人都会叫苦连天。在这短短的24小时里,我们会拿出大部分时间为自己的行为辩护。"我不要你们管"这可能是我们说得最多的话。甚至许多人还会大哭起来,因为除此以外我们没有更多的辩护方法了。与此同时,我们还要面对来自家长的责难:"你怎么这么不懂事?让你睡觉,你连闭一下眼睛都不愿意,还老是不停地顶嘴。你一天到晚都这样,怎么就不能学的乖一些呢?"这种情况令人很吃惊,不是吗?我们的孩子就生活在这种"水深火热"之中。

　　可事实上,这种困境并非难以打破,只要家长们能够为孩子准备一个量身打造的生活环境,就既能让孩子在其中快乐地释放精力,又能保

PART 2
为孩子提供美丽、适宜的运动环境

证孩子心理健康成长。这种做法是解决某些教养问题的最好途径。在许多学校，教育者们已经开始试行这种方法。例如在一些较好的学校，给孩子准备的课桌和用具都是按照孩子的身高和体力制作的。在这里，孩子们能像我们搬动家具那样轻易地挪动、使用它们。

如果想在家里为孩子也布置一个合适的环境，我也有一些建议提供给大家：

给孩子准备的家具必须轻巧耐用，摆放的位置以方便孩子移动为准。贴在墙上或者其他地方的照片不能太高，最好是放在孩子的视线平视的高度，这样孩子才能随意观看。地毯、花瓶、盘子和其他类似物品都要放在孩子触手可及的地方。总之，**它们的摆放原则就是能够方便孩子取用**。要注意，给孩子的东西不能是单纯的玩具，而应该有一些实用的作用，这样才能吸引孩子参与到家务劳动中来。此外，给孩子的东西还应该是坚固并且能够吸引孩子注意力的。

在儿童之家，我们尽量把环境布置得温馨舒适，因为只有学校的环境非常美观、适宜，孩子才会乐在其中。这与我们成人需要有一个环境舒适的家庭，以便保持家庭和谐一样。多年的教育实践证明，**生活环境的好坏与孩子的活力、学习力大小密切相关。一个身处适宜环境的孩子往往有着远超同龄人的探索欲和好奇心**。

大多数孩子对环境的舒适程度非常敏感。旧金山蒙台梭利学校的一个小女孩有一次受邀到一所公立学校参观。刚一进教室，她就发现教室课桌上落有尘土，于是她对学校老师说："你知道你的学生为什么宁愿脏着书桌也不打扫吗？因为他们没有漂亮的抹布可用。换成我，我也不会打扫卫生的……"给孩子准备的器具一定要是可以清洗的，这不仅会更卫生，还会让孩子产生清理器具的欲望。因为已经开始注意环境，学着清洁环境的孩子往往更愿意做这些事情。如果我们给了孩子实践的机会，养成热爱干净、保持整洁的好习惯就是顺理成章的事情了。

　　我曾经收到建议，在教室桌脚、椅子腿等部位贴上防滑橡胶垫，因为这样可以有效减少移动时造成的噪声。对这个建议我持反对态度，甚至觉得有噪声并不是一件坏事，因为这些刺耳的声音可以提醒孩子：你的动作太粗暴，太没有秩序了！

　　对于孩子来说，拿东西轻手轻脚、有秩序并非一件很容易做到的事情。受肌肉成长成熟度较低的因素制约，他们还不懂得如何有效控制自己的行为。这些粗糙的动作在现实生活中，就会以桌椅板凳等发出的噪声来给孩子做一个提醒：你要轻拿轻放，要控制自己的动作。如此一来，孩子就会变得非常注意自己的动作了。除了桌椅板凳发出噪声以外，我们在儿童之家还用另外一些东西提醒孩子：易碎物品。在儿童之

PART 2
为孩子提供美丽、适宜的运动环境

家,孩子使用的器皿中有许多易碎的,主要为玻璃制作的器皿、陶瓷的盘子、花瓶之类。看到这些东西的成人大多会提出质疑:把这些易碎品给孩子玩耍,不会被打碎吗?这样想原本正常,可是有一个问题他们并没有想到:那些易碎品的价值难道比孩子的成长训练更宝贵吗?

当孩子生活在真正属于自己的环境中时,他就会模仿成人,注意自己的言行举止,注意控制自己的动作姿态。他们不再需要外来的刺激就能自觉改善自己的行为。在这些孩子的身上,我们可以看到生机勃发的喜悦和自豪。他们那一本正经的样子,会让周围的人感到羡慕。他们日渐成熟的身影会告诉旁人,他们有自我成长的能力。

对于一个3岁的孩子来说,他所能做的事情除了成长还有什么呢?帮助孩子成长,给他创造最好的空间,让他成为一个有益于社会的人,是父母的责任。具体落实在实处,我们就必须给孩子机会让他练习自己必须会做的事。"熟能生巧"的原则也适用于孩子的锻炼和学习。生活中,有的家长发现孩子很喜欢没道理地做某件事情。例如有的孩子非常喜欢洗手,哪怕他的手并不脏。孩子有这个"爱好"的原因并不仅仅是他觉得好玩,也可能是他觉得自己能够洗手是件很自豪的事。在生活中能够自己洗手,那么孩子就有信心去做其他的事情。

当孩子尽心尽力锻炼自己的一切能力,借助活动让自己更快地成长时，大人们应该做些什么？有些人选择帮助孩子，可是结果却恰得其反，他们给孩子造成了数不清的麻烦。例如，有些学校为了防止孩子被绊倒撞伤，会把所有的桌椅板凳都固定在地面上。的确，动作粗糙的孩子会碰倒桌椅，但是他们并不会主动去搞破坏，更不觉得把桌椅板凳固定后会是一件好事。虽然固定好的家具显得更加整齐，但是这却会破坏孩子自由活动的空间。给孩子提供的餐具的确可以是不锈钢的，但是这却会让孩子无法理解餐具是不能丢在地上的。**教育者的这些"帮助"，除了让孩子体会不到真实生活中的点点滴滴，把孩子可能面临的问题全部掩耳盗铃地遮起来以外，起不到任何好的促进帮助作用。**其结果是让孩子继续在犯错，而这一切的始作俑者就是一心帮助孩子的教育者。我们在无形中给孩子的脚下安放了绊脚石。不要觉得孩子不知道易碎制品的危险，也不要觉得孩子会不听我们的劝告。任何一个想自己动手做事情、自己实践成长的孩子，都是乐于与家长合作的。

  大多数家长都没有意识到自己可能犯下了帮助过度的错误。一旦发现孩子遇到麻烦，家长们还是会马上伸出援助之手，帮孩子完成他们正要做的事情。一个声音在不停地告诉这些家长："孩子想要自己梳洗，自己穿衣服？那可真是太麻烦了。为什么要自己做呢？家长就在身边啊！我们可以帮孩子包办任何事情……"结果，家长与被剥夺自由的孩

PART 2
为孩子提供美丽、适宜的运动环境

子之间逐渐积攒了大量矛盾，两者之间变得越来越难以相处。家长会认为孩子叛逆，孩子会认为家长管得太多。可是谁知道，两者之间的矛盾正是源于家长的好心？

说到这里，我们可以回顾一下孩子刚出生那几年是如何生活的：孩子被关在属于成人的世界里，他周围的一切都不能弄坏，甚至不能弄脏。为了做到这一点，他被限制了活动的自由，结果他完全没有机会锻炼身体，无法学习生活的技能。孩子成长的自由被剥夺，人也变得越来越烦躁。不是吗？我们是不是曾经注意到，许多被严厉管束的孩子显得更没有家教？他们老是烦躁不安，闷闷不乐，哪怕是洗漱这一类的事情也总是不愿意配合，结果父母只好听之任之。其实这其中的根源都在家长自己身上。

有些家长面对叛逆的、不配合的孩子时会感到束手无策，于是他们只好对孩子放任自流。这是给孩子自由吗？也不是！对孩子好，给孩子活动的空间和自由，并不意味着我们就应该对孩子的错误视而不见。找出孩子犯错的根源，让孩子一方面能够自由地成长与生活，另一方面能够让孩子从精神和物质上得到家长的指引，这才是正确的做法。我们应该知道，**哪怕再需要自由的孩子，也是弱小的，也是需要家长帮助的。问题的关键不在于帮助这种行为本身，而在于帮助的时机、内容和方**

法，做好了这些，我们才是真正地爱孩子。其实，如果在属于孩子的环境中观察他们就会发现，孩子是有自我纠错和成长能力的。为了让自己能把事情做得更好，孩子们总是在不断地自我练习，自我纠错。只要告诉孩子什么是正确的，他自己就能认识到自己所犯的错误。

说了这么多，我们到底应该为孩子做些什么？答案是什么都不必做。

如果一个父母已经为孩子提供了他成长环境中所需要的一切，那么接下来只要克制住自己帮助孩子的欲望，在旁边静静观察就可以了。**保持一定距离，不轻易打扰，但又不放弃监管，是最好的做法**。当孩子沉浸在自己的工作中时，他们会有非同一般的表现：安静、专注、自得其乐。面对这样的孩子，我们除了观察还能有什么可做的吗？在我指导下的各个学校里，教师大多变成了观察者，孩子成了自己的主人。这一点与其他学校恰恰相反。

有一件有趣的事情，可以很直观地让人感受我们的不同：一次，校工忘记打开学校的大门了。孩子和老师都没有办法进入校园，大家都闷闷不乐。这时，老师对孩子说："你们都可以从窗户爬进教室，只有我爬不进去。"这启发了孩子们，他们快乐地从窗户爬进了教室，老师则满怀笑意地站在门外看着教室里的孩子们自由地玩耍……

PART 2
为孩子提供美丽、适宜的运动环境

如果你也能建立一个可以指引孩子、适合孩子锻炼能力的环境,那么你的教育就前进了一大步。

摘自《发现孩子》

 给中国家长的话

与蒙台梭利所生活的年代相比,给孩子设置适宜的环境,这一点现在已经为中国广大父母所接受了。但是,具体该如何给孩子设置这个环境,却因为种种原因令人们有些误解。现在的家长,大多认为给孩子贵、奢侈的环境就是好的,这无疑是一个误区。最合适的不是最贵最奢侈的,而应该是最实用的。用蒙台梭利的观点就是,以孩子能够使用环境中的所有器具,这些器具不会因为孩子的特性而与成人世界的器具有本质上的区别为标准。

实际上,这一点并不难做到。给孩子准备成人世界中的大部分生活用具,这些用具最好是轻便而控制尺寸的,以便让孩子能够自主地模仿成人的一切,那么这个环境就应该是很适合的了。具体的,如果家长们还是有些摸不着头脑,不知道具体该如何做,后面我们会有进一步的叙述。

给"自由的运动"加点料

孩子的成长离不开运动,这一点已经在教育界达成了共识。许多人认为孩子获得自由仅是指他们可以自由运动,例如可以有更多的时间去跑去跳。在这种观点指导下,孩子们被允许到公园里、草坪上玩耍、活动。

孩子在学校享受自由是什么样的?最直接的答案就是孩子们肆意妄为,他们跳上课桌,做着各种危险的动作。要是出现这种情况,最好的办法就是把他们放到操场或者类似的空旷的地方去。如果把孩子关在狭小的房间里,那么他们就很可能会陷入焦躁不安甚至"暴动"之中……

其实上面的这些观点不能算错,但是大家没有注意到一点:给孩子自由的环境与给他们身体上的自由不是完全等同的。从心理学角度来

PART 2
为孩子提供美丽、适宜的运动环境

说，允许孩子自由活动并不仅限于身体自由。这一方面，我们可以用一些小动物，例如小狗小猫的活动作为类比：不管是小狗还是小猫，它们都可以、也都有能力自由地跑跳，这与孩子们在公园或者操场上玩耍的情况非常类似。如果我们把这个概念套用在鸟儿身上，我们就会为鸟在笼子里准备合适的树枝，然后解开链条，允许它在笼子内的树枝上跳跃活动。这些看上去都很美好，可问题是，与以往可以广阔翱翔的天际相比，现在鸟儿所享受的"自由"是多么的可怜啊！

要想给小猫小狗或者鸟儿充分的运动自由，给它们提供适宜的环境就可以了，那么由此推而广之，给孩子自由，是不是也只要对他们放任不管就可以了呢？

一些细心的父母仔细观察孩子就会发现，当我们完全让孩子一个人做游戏或者练习的时候，他们很容易就会出现烦躁、耐心不足或者哭闹等情况。大一些的孩子虽然不会有这些反应，但是他们总是不甘于玩现有的玩具和游戏，而总是想自己"发明"一些什么。那些过于简单的，不需要智力参与的跑跳投，对孩子来说过于乏味了。所以，**对孩子听之任之的教育方法很少有良好效果。虽然这会让孩子的身体在生理上得到锻炼，但相应地也会让孩子变得有些粗野，甚至让他们养成不好的肢体运动习惯。**例如，小猫可以通过自己的练习保持优雅的姿态，可是孩子却无法自主地在自己的运动中加入优雅的气质。通过这两者的对比我们可以得出结论：能够让小动物满足的自由，对于孩子来说是远远不够的。两者在智力方面有着本质的不同，所以在自由活动的方式上也必然各异。

与动物不同的是，**如果在活动中没有加入智力的因素，那么这种活动对孩子来说就是低效的，孩子也会很快就感到厌烦**。这一点并不难以理解。不仅是孩子，哪怕是成人，整天被迫去做一些毫无意义的运动，恐怕也会产生反感。历史上曾经有一种非常残酷的惩罚奴隶的方法：让奴隶在地上挖坑，然后再填平，再挖坑，再填平……这种惩罚的核心就是让人找不到工作的意义，最后产生空虚感。

再比如，一个人如果从事的工作是有意义和目的的，那么与那些做着毫无目的的、但是工作量相同的工作的人相比，他更不容易出现疲劳症状。打扫灰尘，清洗桌子，扫地、刷鞋、铺地毯……做这些工作的人很容易就会陷入疲劳。而那些手工业者或者技术工人却能专心致志地工作很久。究其原因就是工作中智慧含量多少存在差异。与此类似的，精神病科医生也建议，患者要治愈精神衰弱症的最好方法不是户外锻炼而是户外工作。之所以是户外工作是因为，与户外锻炼相比，它更有目的性，更需要使用智慧，而户外锻炼不过是持续的体力消耗罢了！

PART 2
为孩子提供美丽、适宜的运动环境

通过上面的分析我们可以知道，**与给孩子自由，让他肆意玩耍相比，做一些有含义的简单的生产性工作更能对他起到锻炼的作用。通过做这些工作，孩子能够锻炼好自己的运动系统，增长智力**。而要做到这一点，家长就需要给他准备一个适宜的环境。具体如何做，我们前面已经进行了描述：给孩子布置环境时，使用的设施和用具要与他们的身高、力量成正比，所有设施都要可以移动，所有物品都要方便孩子取用，等等。在这样的环境中，孩子会非常自如地逐步完成自己的成长训练，学会人类所特有的优雅和灵性。

总之，为孩子提供自由的、有目的性的活动场所，有助于孩子自我锻炼，自我发展，为他成为一个健康而完美的人打下基础。孩子通过在这种环境中进行的有目的的练习，形成复杂而独立的个性，养成正确的社会意识和社会交往能力。在此过程中，孩子会为自己所做的一切而自豪，会逐渐升华自己的意识，培养自己的品质。久而久之，孩子不仅会养成自觉自愿不懈努力工作的习惯，而且还在工作中使自己的精神更加健全，他的生理器官也将在工作中得到成长发育并日益强壮。

摘自《发现孩子》

给中国家长的话

　　这一节蒙台梭利所说的话与前面一节貌似有些冲突。前面曾经说，只要给孩子准备了良好的环境，教育者接下来最好是扮演观察者的角色；这小节说，光给孩子自由不行，最好要给他带有智力和目的因素的工作。工作谁给？当然也是父母。这两者之间看似有些冲突，其实不然。后者的标准要求是隐藏在前者之中的，或者说，想要孩子做有意义、有目的的活动，那么家长就要想办法通过环境的布置来进行引导。布置的环境适于孩子做有意义的"工作"，这才是促使孩子自我锻炼的关键。

PART 2
为孩子提供美丽、适宜的运动环境

蒙台梭利"儿童之家"的环境设置

对于"儿童之家"而言,给孩子提供一个可以自由活动的环境是一件非常重要的事情。每个"儿童之家"都各不相同,会根据建设资金和办校环境做多样化设计,但不管怎么变,有一个宗旨是不会变的:"儿童之家"是孩子的一个家。换句话说,**它都应该有一些适于孩子成长的共有性特征,例如会有特定用途的房间和花园,孩子会成为这些设施的主人**。在"儿童之家",我们会尽量为花园搭建顶棚,孩子能够在它的下面玩耍和休息,这个设计的好处多多。对于那些把桌子搬到顶棚下面,并把一切在桌面上进行的工作也全都移到顶棚下面的孩子来说,他们既可以享受户外活动的好处,又能免受风吹雨淋之苦。

"儿童之家"的核心建筑是孩子的活动室,在这里,孩子拥有完全自主的支配权。围绕它，各个"儿童之家"会根据自己的财力等条件，建设一些附属功能的建筑，例如澡堂、餐厅、会客厅、公共休息间等。有些富裕的"儿童之家"还会为孩子修建手工工作室、健身房。不管功能如何，数量多寡，这些建筑都有一个共同的特点：它们的内部设施非常适合孩子使用。这些设施不仅包括为促进孩子智力成长而设计的教具，还应该包括一个家庭中可能用到的全部用具——只不过这些用具都被缩小了。

活动室里的家具都是用轻质材料制成的，这样孩子们才能轻松自如地将其搬来搬去。家具的颜色都是浅色调，其目的是能够让孩子自主完成对这些家具的保养和清洁工作。这些家具主要包括下面几类：

桌子。"儿童之家"的桌子绝不是统一形状的，每个房间都有各种尺寸和形状的矮桌子——正方形的、矩形的、圆形的，大的、小的……在琳琅满目的桌子里，矩形的桌子最常见，因为它非常适合两三个孩子一起协作搬动。与桌子配套的是木质小椅子，当然它们也可以是多种多样的。例如，有一个"儿童之家"就设计了柳条做的小扶手椅和沙发。

长橱柜。这是"儿童之家"活动室里必不可少的家具之一。橱柜要求是敞开门的，造型低矮，这样更方便矮小的孩子把心爱的小毯子、小花之类的东西放进去。除此以外，孩子常用的教具也可以安置其中——

PART 2
为孩子提供美丽、适宜的运动环境

这些都是孩子们的公共财产。

衣柜。这是一种带有两三层小抽屉的衣柜，每个抽屉都要配上漂亮的小把手和写着孩子名字的卡片。如果条件有限，可以用与抽屉色彩差异明显的把手代替，但一定要结实耐用。这个小抽屉是用来装孩子私人物品的。

黑板。黑板挂在活动室四周的墙壁上，位置偏下，方便孩子在上面书写画画。画的内容由孩子自己决定，而且要不时更换。一般情况下，孩子们会在黑板上画关于小朋友、家庭、自然风景、各种花和水果等主题的图案，此外能反映他们听到的故事和历史故事的画面也常出现于其上。在没有黑板的窗台上，我们可以多多摆放一些观赏性植物和花朵。

小地毯。活动室里布置小地毯是很有必要的，而且颜色要多种多样：红色的、蓝色的、粉红色的、绿色的和褐色的……小地毯不需要固定在某块地面上，而是可以由孩子们随意摆放，然后坐在上面玩耍。这种情况就要求，孩子的活动室要尽量大一些，除了摆放桌椅板凳的地方以外，还要有足够的空间让孩子自由摆放地毯。

起居室里的摆设和活动室里略有不同。"儿童之家"里起居室的作用更类似于客厅或会客室，主要供孩子玩耍、聊天、听音乐或者做小游戏用。这种用途决定了，房间里的设施要偏典雅一些。

具体而言，起居室里要有各种尺寸的小桌子、小扶手椅和沙发。在墙上，我们可以安放一些托架，以摆放雕像、艺术花瓶和相框。在窗台上，每个孩子都应该拥有一个属于自己的小花盆，用来种植植物。这些植物从种子开始，一直到长大开花，全都要由它的小主人看护。我们会在起居室的桌子上放一些大画册和培养孩子各项能力的积木。这些东西既可以供孩子娱乐玩耍，又可以充当孩子训练时的教具。如果有条件的话，在起居室放一架钢琴、竖琴或者一些其他乐器是最好不过的事情了。

有这样一间起居室，孩子们是多么幸福啊！在这间温馨的"俱乐部"里，孩子们最喜欢的就是围坐在老师身边听故事了！

餐厅的摆设相对简单，除了桌子以外，还要有一些低矮的餐具橱柜，里面放着孩子可以随意取用的餐具。需要注意的是，餐具中的碟子应该是瓷质的，水杯水瓶应该是玻璃的。餐刀等物品也应包含其中。

有的"儿童之家"配有更衣室。在更衣室里，最常见的家具就是衣柜和搁板。在更衣室的中央建有盥洗台，上面摆着小脸盆、肥皂和指甲刀。靠墙的地方有自来水龙头和水槽。孩子们的洗漱工作就是在这里完成的。

"儿童之家"里设施的设计原则就是"不对孩子设限"，这是因

PART 2
为孩子提供美丽、适宜的运动环境

为这里所有的东西都是由孩子自己使用、维护的。他们需要给房间打扫卫生，清理家具上的尘土，擦拭器皿。他们还需要清洗桌椅、餐具、地毯，并将其摆放整齐。此外，洗衣服和煮鸡蛋也是孩子们的功课。在个人卫生清洁方面，孩子会自己穿衣打扮，会在脱下衣服后将其挂在小挂钩上。因为这个原因，挂钩就必须钉得很低，低到孩子自己能够到。当然，孩子可以选择把心爱的衣服叠好存放，这个过程也必须由孩子自己完成。

"儿童之家"里的玩具应该是复杂而精致的，如果能够给孩子们布置一个完整的过家家小屋是最好不过的。在这里，孩子可以尝试给娃娃穿衣、脱衣，也可以假装在厨房做饭和喂养宠物。所有这些游戏都应该有相应的道具。通过这些游戏，孩子可以体验在现实中观察到的一切。

总而言之，"儿童之家"里面的摆设应该是适于孩子使用的。在我看来，"儿童之家"就应该是非常实用的教育工具！

摘自《蒙台梭利儿童教育手册》

给中国家长的话

这一小节里，蒙台梭利详细介绍了她所创办的"儿童之家"的布置方案。虽然那个时代与我们现在相去甚远，但是依然有许多方面值得我们借鉴。例如，在"儿童之家"不同功能的房间里为孩子准备不同的家具和用具。现在，很多家庭都喜欢为孩子布置一个温馨可爱的儿童房。这无可厚非，但是除此之外呢？在其他房间是不是也应该有孩子的一席之地？

曾经见过一位很优秀的家长，他在家里的每个功能区都为孩子准备了一份孩子可以自己使用的用具。例如，在书房，硕大书架的最下面几个空格是专门留给孩子的，由孩子自己安排哪个格子放书，哪里放玩具。这位家长甚至将给孩子置办的"厨房玩具组"真的放在了厨房里。他的做法很值得我们借鉴。

孩子在家庭里是和我们生活在一起的，他不会永远待在自己的儿童房里，那么我们是不是应该让孩子在"家"这个大房子里享受到环境的自由呢？换句话说，当我们在书房阅读办公的时候，是不是也应该让孩子知道，他可以同样自由使用这个空间呢？总之，与成人生活环境上的融合，对孩子的能力提高非常有帮助。

PART 3
模 仿

孩子的模仿行为

给孩子自由活动的空间,不要随意打扰

孩子的模仿行为

孩子在1岁半的时候会有意无意地开始模仿他人的动作。这并不是什么新论断，因为孩子会模仿成人在教育界已经形成了共识。

在模仿成人以前，孩子会首先弄懂他们要模仿的动作到底意味着什么。我们一直强调家长要给孩子做好榜样。出于这个原因，行得正，坐得直，注意自己的一举一动已经普遍被视为家长应该遵守的准则。一名家长或者老师，怎么会不被孩子当作重要的模仿对象？又怎么能不严于律己？既然被孩子当作了学习的榜样，那么家长就必须做到一些标准，例如必须具有高尚的品德和文明的举止；在孩子面前，母亲更是被要求必须保持完美的形象。

事实上，上面这种观点是有失偏颇的，至少大自然的规律并非如

PART 3
模　仿

此。孩子的确会模仿他人，但是模仿的结果却并不取决于成年人是否表现完美。**成年人的榜样只是为孩子提供了模仿的目标和动力，但并不能对最后模仿的结果起决定作用。**起决定作用的是，孩子在模仿以前为模仿所做的准备。

一旦开始自己的模仿大业，孩子往往会远超其模仿对象所能达到的高度。一个想当钢琴演奏家的孩子绝不会仅仅止步于弹响钢琴，他还会努力练习，提高自己的演奏技巧。这种练习是发自内心的、主动而有创造意味的。但遗憾的是很多教育者却只想让孩子通过单纯的模仿来达到更高的水平。

给孩子讲榜样人物的故事是每个家长都喜欢做的事情，因为在人们潜意识里，只要孩子模仿了那些榜样人物，就也能达到那个高度，可事实上，对于没有在心理上做好充足准备的孩子来说，要实现这个目标几乎是不可能的。**榜样仅能起到激励作用，而进行模仿的渴望却能激发孩子的学习动力。**当然，要想最终达到某一高度，还需要孩子付出巨大的努力，进行大量的练习才行。

在进行模仿以前，进行充足的准备对孩子来说是非常重要的。或者可以说，孩子最开始的努力目标并不是马上着手模仿，而是让自己拥有一种进行模仿的能力。这种基础性工作非常重要。大自然不仅让我们能够拥有模仿的能力，而且还让我们能够通过模仿改变自己，让自己向模仿目标迈进并最终实现超越。

作为一名教育者，我们所要做的就是必须知道孩子需要我们为其提供什么样的帮助，这样我们才能真正做到有的放矢。

摘自《有吸收力的心灵》

给中国家长的话

很多3岁多的孩子会开始迷上一种游戏：过家家。这其实就是对成人世界最系统、也是最明显的模仿。许多家长认为，孩子的模仿是从这一时期开始的，其实不然，从他们一出生能够有效观察这个世界的时候，孩子们就已经开始有意识地去模仿了。

每一个孩子都是一个模仿的天才，他们会模仿自己见到的一切事物，尤其是与自己亲近、自己信赖的人，更是他们的重要模仿对象。他们会模仿成人说话，会模仿成人吃饭，会模仿成人的社交，甚至会模仿成人的一切坏习惯……就像蒙台梭利所说的那样：决定孩子模仿什么的

PART 3
模 仿

不是孩子的模仿对象，而是他之前为模仿而做的准备。换句话说，我们应该让孩子把模仿的兴趣点放在对他们有益的方面，而不是让孩子没有目的地胡乱模仿。

给孩子自由活动的空间，不要随意打扰

处于模仿期的孩子会非常努力地做好他们想要做的每一件事，哪怕有时候这件事看上去是那么可笑。之所以有这样的表现是因为，他们在心理上有这种需求。如果他们的行动被打断了，那么心理上得不到满足的孩子必然会出现性格问题。再想让他们专心致志去做某件事，就非常困难了。因此，给孩子自由活动的空间，不要随意打断他们非常重要。

事实上，孩子的这些努力都是在为将来做着准备。即使是那些名垂青史的伟人，也必然会经过这个阶段。而且仔细研究会发现，那些有成就者在孩童时代专心致志做某事时，很少会因外界干扰而停止。通过这种专心，孩子会养成做事有恒心和耐心的好习惯。所以从这个

PART 3
模　仿

角度来说，**哪怕孩子正在做的事情不是我们所喜闻乐见的——当然，孩子正在受到伤害除外——我们也不应该随意干涉打断他们。因为他们正在做的事情并不是重点，重点是做的过程和在这个过程中孩子不断成长的心灵。**

此前我们曾经提到过，孩子有时候会通过做一些可笑的举动来满足自己的心理需求。例如，我们时常会看到一些刚刚1岁多的孩子跑去搬非常沉重的东西。我的朋友家有一个1岁半的孩子，他就总是以费力地搬动自家沉重的工具为乐。孩子不是无聊，而是想通过这种举动获得某种满足。还有的孩子喜欢帮成人摆放餐具，他们不断试图端起一个比自己脑袋还大的面包盘。他们还会不厌其烦地把一些物品挪来挪去，直到耗尽身上最后一丝力气。每当孩子做这些事情的时候，成人们总是担心孩子会过于劳累，可事实上，如果成人真的因为这个原因去干涉孩子，那么他一定会遭到孩子的反击。而对孩子来说，这种干扰也必然是一种灾难，一种会造成孩子心理障碍的灾难。事实证明，很多精神方面出问题的孩子都曾经受到来自成年人的这种干扰。

孩子喜欢做的另一件奇怪的事情是爬楼梯。成年人爬楼梯都是有目的地去爬，而孩子则完全不同。对他们来说，爬楼梯到顶层不是为了做什么，甚至爬一次也无法满足他们古怪的欲望。他们会从楼顶跑回低层,然后又从低层爬到楼顶,反反复复直到彻底爬不动为止。这也就是为什么许多学校会在操场上设置滑梯的原因。孩子爬滑梯不是为了爬上去不下来,而是为了爬上去而爬上去。在爬的过程中,孩子获得了内心的满足。

为了在生活中保护孩子行动自由,让他们能不受成人干扰地活动下去,心理学家和教育学家都提倡为孩子们设立专门的工作区域——幼儿园和托儿所。这些机构会接收1岁半以上的孩子入学。在这里,我们要专门为孩子们设计适合其使用的设施,例如在院子里的树上安装树屋,用一架小梯子连接上下,供孩子攀爬。孩子往往会选择做一些"高难度"的工作,例如拿屋子里最重的东西,爬院子里最难爬的滑梯……这不是孩子自不量力,而是他们乐在其中。

孩子"乐"在哪里?一般而言,孩子在潜意识里都有锻炼自己的肢体运动能力等心理需求。这些需求不会明显地暴露在外——例如有明显的运动目的,而是以自然成长规律的形式出现。只有拥有了这些能力,孩子才能更好地模仿成人的行动,为他们以后的成长做好准备。

总而言之,**孩子动作的本身并不是目的,真正的目的是为以后模仿成人做好准备。**所以,当孩子看到成年人扫地板或是做点心时,他们也

PART 3
模 仿

会积极地参与。虽然这种参与往往会给家长造成一定的麻烦,但是新鲜的活动和有趣的模仿对孩子本身成长助益匪浅。从这个角度说,允许孩子自由活动,不给他们造成干扰,是非常重要的。

摘自《有吸收力的心灵》

给中国家长的话

给孩子自由活动的空间,这是我们在这个分册里强调最多的,针对家长提出的要求。在孩子的模仿问题上,我们要再次强调一遍。在家长眼里,孩子许多模仿是有问题的:或者太危险,或者会让孩子养成坏习惯,又或者他的模仿不合时宜。但我们要强调的是,不管孩子正在模仿什么,我们都不应该马上打断孩子,而应该让他们耐心地模仿完毕。原因,蒙台梭利的文章里已经说得很清楚。那么家长应该做的是什么?袖手旁观吗?也不是。

家长要做的其实是补救和协助。孩子爬危险的高处,家长要做的不是马上上前制止——除非危险已经到了无法控制且会危及生命的地步——而应该在下面默默做好保护工作。当然,在孩子结束模仿以后,我们要告诉孩子这样做的危险之处,让孩子以后不要再做。但是,这些提醒都是在孩子结束某项活动以后进行的,在活动进行过程中,补救和保护是家长要做的第一件事。

PART 4
行动的节奏和人运动神经的锻炼

儿童行动的节奏与成人不同

孩子的运动神经锻炼

儿童行动的节奏与成人不同

除了觉得孩子做的事情无聊、没有意义，孩子运动的节奏与成人完全不同也是一个让成人感到恼火的重要原因。

所谓"运动的节奏"是指一个人的行为当中所独有的特征。它与人的形体一样，某一时期是固定不变的。如果两个人的运动节奏接近，那么我们就会觉得相处很融洽；如果运动节奏相背离，需要去勉强接受或者适应别人的节奏，那么就会感到很别扭。例如，一个正常人和一个偏瘫患者一起走路，正常人就会觉得很难受，因为对方完全不能适应自己的节奏，而只能自己去适应对方。这种情况甚至会延伸到视觉方面：看着中风患者颤巍巍地举起杯子喝水，我们也会感到难过——这与正常人轻松自如的动作反差太大。**运动节奏相背离的结果是，人们总会在下**

PART 4
行动的节奏和人运动神经的锻炼

意识驱动下想方设法用自己的节奏去代替对方的节奏,让对方和自己趋同。而且,这种代替还会被人们自己视为帮助对方。实际上,它所减少的是人们自己内心深处的难过与不适应。成人与孩子之间的关系就是这种"帮助"与"被帮助的关系"。

受生理与心理两方面的影响,成人与孩子的运动节奏相差巨大,尤其是那些行动节奏缓慢的孩子,更是让人觉得"碍眼"。如果孩子性格活泼,动作敏捷,成人还不觉得有什么太过异样的地方。有些成人不仅能接受孩子的这种运动节奏,还会颇为赞赏。哪怕这些孩子会给周围的环境造成混乱,甚至酿成祸端,但成人依然可以保持友好的态度,在一边观察孩子的所作所为。可如果孩子的行动是自然而缓慢的,恐怕就要面临另一种境遇了。

我不止一次地看到,成人对那些行动迟缓的孩子格外不耐烦,他们就像遇到恼人的苍蝇一样,试图把孩子的这种运动节奏尽快赶走,以便让孩子能够适应自己的节奏。于是,成人们会忍不住插手干预孩子的行为,用自己的行动节奏代替对方的。比如,让他们加快速度做事情。这种做法的结果是,孩子不仅无法从自己的运动中获得心理上的满足,相反还因为成人的干涉而被剥夺了他们做自己喜欢事情的权利和机会——毫无疑问这是对孩子自由成长的最粗暴的干涉。在不经意间,成人们为孩子的成长设置了个大大的障碍。

  孩子不会乖乖就范，他们会用激烈的哭闹来表示反对。例如，成人给孩子洗澡、穿衣、梳头时，孩子会试图自己去做，而一旦遭到反对，就开始哭闹。有些孩子甚至会表现得有些歇斯底里。这种在成人眼里"任性"的行为表现，其实是孩子在向成人宣告：我需要自由地成长，需要自己做事情，需要有自己的运动节奏。

  遗憾的是，大多数成人都不自觉地忽视了这一点，他们不停向孩子提供着对方根本不需要的帮助，给孩子的心灵带去压抑与灾难。这些行为都是非常不利于孩子成长的，会给孩子成年以后的性格和心理造成严重的负面影响。

摘自《童年的秘密》

  蒙台梭利在这里向我们解释了为什么家长会对行动迟缓而笨拙的孩子表现出不耐烦的情绪。许多家长认为，这是做得不够好的结果，是他们的错误。我认为，这么说既是对的，又是错的。说对是因为，他们的

PART 4
行动的节奏和人运动神经的锻炼

确不应该不耐烦，应该选择更好的与孩子相处的方法；说错是因为，他们的这些不耐烦也是人之常情。

让一个成人很快学会适应孩子的节奏并不容易，可是面对正在蹒跚学步、逐渐成长的孩子，我们必须尽快完成这种适应。最好的方法就是，多多观察孩子的动作。对于幼儿的父母来说，孩子是一个陌生的个体，他们不知道孩子会有什么特征，会有哪些表现。这种情况下，出现家长不调整运动节奏以适应孩子的情况就很正常。他们很多时候不是不想调整，而是不知道该如何调整。所以在日常生活中，我们最应该做的就是多多观察自己的孩子，看他们的行为习惯是什么，他们的步速有多快，他们吃饭的过程怎么样，等等。熟悉了孩子的节奏，我们就可以与他们做好适应工作。当然，父母与孩子双方之间是相互影响的关系。在父母降低运动节奏以适应孩子的同时，孩子也会下意识地追赶父母的节奏。只要用心观察，耐心适应、引导，家长和孩子总有一天能够达成和谐的统一。

孩子的运动神经锻炼

锻炼孩子的运动能力,必然少不了对运动神经的锻炼。人类的运动神经培养过程非常复杂,因为它必须与孩子身体成长过程中所建立的所有协调动作相吻合。如果不吻合,孩子的运动就会混乱甚至失去控制。很多孩子都有运动失控的现象,无序好动,一刻也不停歇,这就说明他们的运动神经还没有发展完善。更有甚者,有的孩子还会成为一个"任性、无法无天"的"顽皮捣蛋鬼"。其实这并不是孩子的本意,也不是孩子故意为之,而是与他们的神经发育不完善有关。

对于这些孩子,成人最常见的处理方式就是限制他们的活动。"老老实实待着"是这些家长最常说的口头禅。可问题是,这些训斥和限制往往收效甚微。孩子进行的活动是有益于自己机体组织协调,有益于神

PART 4
行动的节奏和人运动神经的锻炼

经系统成长的。所以让他们放弃这些活动，无疑是一种错误的做法，也肯定是无用的做法。

家长应该做的，不是试图让孩子静止不动，而是给出一些针对他们运动能力锻炼的指导，引导他们能够更快更高效地实现锻炼的目标。 一旦孩子得到了正确的指导，他们就能自主朝正确的目标方向发展。在这种成长中，孩子心满意足，逐渐成为一个积极的工作者，一个奋发向上的人。

针对孩子运动能力的培养是"儿童之家"表现得"教导有方"的主要因素之一。在我的其他书中对这个主题作了详尽的叙述。

摘自《童年的秘密》

给中国家长的话

对于广大家长来说，孩子的运动神经锻炼这个概念有些抽象。实际上，它指的是对孩子神经反射和神经协调等能力的练习。下面我们会给出相应的一系列小游戏，相信大家一看就懂。需要注意的是，这些小游戏对孩子来说都是一个个挑战，循序渐进很重要！

※肢体运动之运动神经、平衡能力训练

➢ 滚被子

【游戏目的及适用年龄】

锻炼孩子的肢体平衡能力和重力感应能力。适用年龄为0.5~2岁。

【使用道具】

一床单人被。

【我们一起做游戏】

1. 将被子平铺在床上或者地垫上,让孩子躺在中间。父母各抓住被子的一边,抬起被子后,

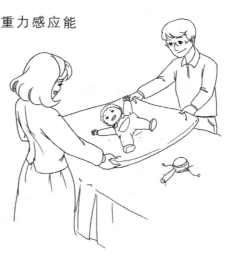

PART 4
行动的节奏和人运动神经的锻炼

将被子连孩子一起顺时针旋转两圈,再逆时针旋转两圈。

2. 父母一方抓住被子的一边,略微抬起,保持不动;另一方拎起被子另一边,慢慢抬起,让孩子随着被子一边的抬高而滚动。滚动几圈后,抬高被子的一方慢慢放低被子,换由另一方抬高。

【父母的游戏笔记】

___

___

___

___

 听听专家怎么讲

　　这个游戏对于6个月到两岁左右的宝宝来说,都是非常受欢迎的。因为它强烈的互动性和相对剧烈的活动让孩子感到非常刺激与惊喜。游戏的强度(主要包括旋转的速度和让孩子滚动的速度)、游戏的时间取决于孩子对游戏的适应程度。刚开始可以慢一些,以后则可以快一些。

➢ 宝宝会飞喽

【游戏目的及适用年龄】

锻炼孩子的前庭以及平衡能力，锻炼孩子的胆量，增强其运动感。适用年龄为0.5～2岁。

【使用道具】

无。

【我们一起做游戏】

1. 用双手托住孩子的腋窝，从床上慢慢向上托举，到与家长齐头的高度，同时嘴里念着儿歌："宝宝飞，宝宝飞，宝宝像小鸟一样飞啊飞……"

2. 重复上面动作几次，调动起孩子好奇心和兴趣以后，开始提高托举孩子的高度和速度，同时大幅左右摇晃。嘴里重复第一步的儿歌。

3. 孩子进行过几次游戏，能够适应这种玩法以后，父母可以高举孩子，身体转圈，将孩子荡得高高的。

【父母的游戏笔记】

_____

_____

PART 4
行动的节奏和人运动神经的锻炼

 听听专家怎么讲

　　这个游戏最好在孩子心情愉快，喜欢玩耍的时候进行。通过它，孩子会逐渐克服恐惧高度、恐惧快速移动的问题。

　　要注意，刚开始进行游戏的时候，不适应的孩子会有些害怕。这从很多初次接触游戏的孩子脸上流露出的紧张、恐慌的眼神就可以看出来。所以，刚开始的时候我们托举孩子的动作一定要轻柔，托举高度和摇晃幅度也要有所限制。等孩子初步适应后，再逐渐提高强度。

➢ 妈妈在哪里

【游戏目的及适用年龄】

锻炼孩子的肢体平衡能力、身体控制能力和弯腰、下蹲等动作熟练度。适用于年龄为1岁左右刚刚开始学习走路的孩子。

【使用道具】

略比孩子矮一点的桌子等家具。

【我们一起做游戏】

1. 帮助孩子扶着桌子站稳,妈妈站在桌子的另一面,呼唤孩子的名字,吸引他的注意力。

2. 当孩子找到妈妈后,妈妈迅速躲在桌子的下面,再呼唤孩子的名字:"宝宝,找找妈妈在哪里?"引导孩子弯腰或者下蹲,从桌子下面看妈妈。

PART 4
行动的节奏和人运动神经的锻炼

3. 妈妈站起来，重复上面的动作，与孩子反复玩3~5次这个游戏。

【父母的游戏笔记】

_____
_____
_____
_____

 听听专家怎么讲

这个游戏非常适合那些已经学会扶东西站立，但又不会做其他动作的孩子。

通过训练，孩子能够很快掌握弯腰、下蹲等动作。这对下一步孩子协调全身肌肉、学会走路很有帮助。游戏中要注意，桌子的高度一定要掌握好，而且在桌角等部位要做好安全防护，谨防碰伤陷入兴奋之中的孩子。

➢ 动作模仿秀

【游戏目的及适用年龄】

锻炼孩子的全身运动控制能力和肢体协调能力。适用年龄为1.5岁以上。

【使用道具】

无。

【我们一起做游戏】

1. 与孩子面对面坐好,对他说:"我们一起来玩模仿游戏好不好?妈妈做什么动作,宝宝就做什么动作。"征得孩子同意。

2. 妈妈先从简单的动作开始,例如吐舌头、眨眼睛。引导孩子进行模仿。

3. 开始进行一些相对困难的动作,主要包括肢体运动和需要身体协调才能完成的动作。例如,坐在椅子上,同时抬起左脚和左手。引导宝宝学习。

PART 4
行动的节奏和人运动神经的锻炼

【父母的游戏笔记】
_____
_____
_____
_____

 听听专家怎么讲

　　1.5岁以后的孩子已经逐渐能够行走并且掌控身体大部分运动了。这时候，他们迫切需要让自己越来越熟悉运动的方法和过程，让自己能够尽快掌握对身体的控制。这其中，既包含肌肉等器官的锻炼，也包括运动神经和小脑运动协调能力的锻炼。

　　本游戏针对的训练目标就是孩子的运动神经和小脑运动协调能力。当孩子在一定程度上掌握了自己的动作能力后，我们不妨多给孩子出一些"难题"，让他们模仿一些相对有难度的动作。这对锻炼他们更有好处。在现实教育实践中我们发现，孩子们往往会在模仿了成人的动作以后，饶有兴趣地私下自己练习。可以说，这个游戏就是在给孩子们做引导。

➢ 挣脱毛巾小牢笼

【游戏目的及适用年龄】

锻炼孩子的肢体协调能力。适用年龄为1.5岁以上。

【使用道具】

长方形浴巾。

【我们一起做游戏】

1. 准备一条长形浴巾,也可以是一条小一些的毛巾被。让孩子躺在中间。家长用浴巾把孩子紧紧裹起来。

2. 家长一边推孩子,一边让他从浴巾里滚出来。重复几次。

3. 再用浴巾包裹好孩子,让他依靠自己的力量滚出来。

【父母的游戏笔记】

_____

_____

_____

_____

PART 4
行动的节奏和人运动神经的锻炼

 听听专家怎么讲

　　这种逃脱牢笼的小游戏看上去简单，其实不然。因为双手双脚全都被包裹起来的孩子需要依靠全身的协调、扭动、翻滚才能逃出来，对他的全身协调性很有锻炼。在实际的训练中，我们发现有些孩子当父母帮助他逃脱的时候玩得很开心，可是轮到自己单独逃脱的时候就表现出烦躁、抗拒的状态。这说明孩子在克服困难和保持心态稳定方面有待练习。这时候，家长不能着急、更不能喝骂、催促孩子，而应该鼓励引导孩子。这也有利于锻炼孩子的耐心和坚强的品格。

　　最后有一点需要提醒：包裹孩子时不要用力过大。

➢ 坐爸爸滑梯

【游戏目的及适用年龄】

锻炼孩子的肢体协调能力和身体微动作操控能力。适用年龄为 1.5~2 岁。

【使用道具】

无。

【我们一起做游戏】

1. 爸爸在沙发上坐好，双膝并拢，双腿垂放，膝盖以下部分呈斜坡的样子。

2. 对孩子说："我们一起来坐爸爸滑梯喽！"然后将孩子放在膝盖上，双手做保护状，然后推动孩子下滑。重复一两次后，孩子就能够自主下滑了。

3. 在孩子滑滑梯过程中，妈妈在下方张开双臂迎接，当孩子滑到底部的时候，抱住孩子。

PART 4
行动的节奏和人运动神经的锻炼

【父母的游戏笔记】
_____
_____
_____
_____

 听听专家怎么讲

　　这个游戏刚开始的时候,大部分孩子还不懂得如何从爸爸的膝盖上滑下去,所以需要家长"推"一把。但是随着活动次数的增多,他们很快就能弄懂其中的诀窍。与从光滑的正规滑梯往下滑相比,从爸爸的腿上往下滑很有难度,因为这时候孩子需要克服摩擦阻力。想顺利滑下去,就需要动一动身子,通过扭动等方式让身子顺利下滑——这一细微动作的调整过程就是我们希望能够锻炼孩子的地方。

➢ 推倒"不倒翁"

【游戏目的及适用年龄】

锻炼孩子的肢体协调能力和身体在摇摆时的平衡控制能力。适用于1.5~2岁的孩子。

【使用道具】

塑料制作的大号不倒翁。

【我们一起做游戏】

1. 首先让孩子尝试推倒不倒翁。推的时候,要引导孩子从不倒翁正面向后推,然后再从左向右推。体会推的动作要领。

2. 孩子充当不倒翁。原地站好,妈妈从孩子前胸向后微微推动,引导孩子想方设法抵消这种推动力,原地站稳。然后再从左向右推动,再从右向左推动。妈妈用力要轻柔,保证孩子不被推倒。

PART 4
行动的节奏和人运动神经的锻炼

【父母的游戏笔记】

 听听专家怎么讲

　　注意推不倒翁时要保护好孩子，不要让他与不倒翁一起倒下。同时，让孩子体会不倒翁不倒的秘诀，让他将这种秘诀应用到第二步中去。这个游戏的要点在于，帮孩子熟悉保持身体平衡的方法。

➤ 坐转椅

【游戏目的及适用年龄】

锻炼孩子的平衡能力和前庭感应能力,培养孩子勇敢坚毅的品质。适用年龄为2～3岁。

【使用道具】

成人转椅和儿童游乐场的多人转椅。

【我们一起做游戏】

1. 孩子小一点的时候,让他坐在成人转椅上,双手扶住转椅扶手。家长开始缓慢地旋转转椅,让孩子体会旋转的感觉。旋转的时候,家长要密切注意孩子的面部表情。

2. 当孩子脸上恐惧的神情消失以后,开始加快转椅旋转的速度,同时大声鼓励孩子,与孩子说笑。

3. 孩子两岁半以后,就可以带他去游乐场的多人转椅活动了。依然要密切观察孩子的面部表情,不要让孩子的精神受到太强烈的刺激。

【父母的游戏笔记】

PART 4
行动的节奏和人运动神经的锻炼

 听听专家怎么讲

　　自体旋转是很多孩子都喜欢做的事情，而且因为生理原因，孩子往往能够比大人更能忍受这种旋转带来的影响。不过，这并不是说在孩子小的时候我们就没有必要给他们做类似的训练。

　　坐转椅的训练能够锻炼孩子的胆量和前庭感应能力。事实证明，经常做这个游戏的孩子，平衡感要远超同龄人。

➢ 单腿独立

【游戏目的及适用年龄】

锻炼孩子的肢体平衡能力,培养孩子的毅力。适用年龄为2～3岁。

【使用道具】

无。

【我们一起做游戏】

1. 家长先给孩子做示范:双臂与肩齐平张开,一条腿曲起,脚停在站立的那条腿的膝盖处。保持单腿独立不动。

2. 尝试让孩子学习这个动作。刚开始,可以由家长伸出一条胳膊让孩子扶住。等孩子站稳后,再让他自己站。

3. 当孩子能站住一段时间以后,就提议做一个比赛,看家长和孩子谁站的时间长。

PART 4
行动的节奏和人运动神经的锻炼

【父母的游戏笔记】

 听听专家怎么讲

　　单腿独立对孩子身体协调能力和平衡能力的锻炼、考验作用毋庸置疑。为什么要加入家长与孩子比赛的环节？为的就是吸引孩子尽量保持更长的单腿独立时间。这个年龄段的孩子如果没有兴趣做一件事，是很难持久的。尤其是单腿独立这种活动，更是如此。所以我们可以用与孩子比赛的方式来提升他的兴趣，延长其坚持的时间，锻炼他的毅力。

➢ 走独木桥

【游戏目的及适用年龄】

锻炼孩子的肢体平衡能力,培养孩子的胆量。适用年龄为3岁以上。

【使用道具】

独木桥游戏设施。

【我们一起做游戏】

1. 家长先给孩子做示范:双臂与肩齐平张开,慢慢走上独木桥,双脚交替迈步通过。

2. 尝试让孩子学习这个动作。刚开始,可以由家长伸出一条胳膊让孩子扶住。等孩子能够自己迈步行走后,鼓励孩子自己完成游戏。

3. 当孩子能够顺利通过独木桥的时候,鼓励他在走到尽头以后,自己转身往回走,最终实现走一个来回。

【父母的游戏笔记】

PART 4
行动的节奏和人运动神经的锻炼

 听听专家怎么讲

孩子走独木桥是单腿独立的升级版，目的是锻炼他的平衡能力和胆量。

一般情况下，离地不高的独木桥不会让孩子感到害怕，但是平衡能力的欠缺却会加剧孩子的胆怯。所以，刚开始的时候，家长可以搀扶孩子进行这个游戏训练。同时，家长要鼓励孩子自己走。

一般而言，3岁左右的孩子大部分是无法独立通过两米长独木桥的，但是孩子成长到3.5岁左右的时候，情况就会大大改观。所以，刚开始孩子走不过去，我们不要着急。只要耐心陪伴他坚持训练，很快孩子就能锻炼出效果。

➢ 打"自制保龄球"

【游戏目的及适用年龄】

锻炼孩子的肢体协调能力。适用年龄为3岁以上。

【使用道具】

玩具保龄球。

【我们一起做游戏】

1. 把塑料玩具保龄球排好，放在离孩子2~3米的地方。

2. 给孩子一个小皮球，让他朝保龄球的方向扔过去，争取将其全部击倒。

PART 4
行动的节奏和人运动神经的锻炼

【父母的游戏笔记】

_____
_____
_____
_____

 听听专家怎么讲

　　保龄球运动一向以锻炼全身运动而著称。要让孩子玩真正的保龄球是很困难的，但是我们可以用这种玩具起到相同的锻炼作用。如果没有这种玩具保龄球，我们还可以用矿泉水瓶代替。要注意的是，如果使用矿泉水瓶，那么一定要保证瓶子的干净。为了让瓶子站的更稳，可以向里面灌一些水。

➢ 单手拍球

【游戏目的及适用年龄】

锻炼孩子的手眼协调能力和小脑对肢体的整体控制力。适用于3岁以上的孩子。

【使用道具】

小皮球。

【我们一起做游戏】

1. 寻找一块户外宽敞的场地，准备两个小皮球，孩子和家长各一个。

2. 爸爸与孩子面对面站好，各拿一个小皮球。首先由爸爸示范给孩子看：弯腰单手拍球。引导孩子模仿这个动作。

3. 孩子单手拍球能够顺利完成后，尝试换手拍球。

PART 4
行动的节奏和人运动神经的锻炼

【父母的游戏笔记】

_____

_____

_____

_____

 听听专家怎么讲

　　换手拍球不是指左手拍球后转换为右手拍,这种篮球换手动作对于这个年龄段的孩子来说难度非常高。我们只是说在孩子习惯用右手拍球后,再开始尝试练习用左手拍。这样才能达到左右脑同时得到锻炼的效果。

➢ 卷纸棒

【游戏目的及适用年龄】

锻炼孩子的力量控制能力和运动感知能力。适用于3~5岁的孩子。

【使用道具】

一本薄杂志、一张硬A4纸、一张报纸。

【我们一起做游戏】

1. 把杂志平放在桌子上，给孩子做示范：双手抓住装订的一边，然后慢慢将其卷成一个纸棒。让孩子试着做这个动作。

2. 等孩子能熟练用杂志卷纸棒以后，开始让他用硬A4纸卷，最后用报纸卷。以能卷得均匀，不抓扁为标准。

PART 4
行动的节奏和人运动神经的锻炼

【父母的游戏笔记】

_____

_____

_____

_____

 听听专家怎么讲

　　卷东西不仅需要孩子双手的手指、手掌密切配合才能完成，更重要的是在卷的时候还要注意力度的大小。刚开始做这个游戏的时候，孩子遇到的最大困难不是卷不上，而是会捏扁。所以，我们在训练初期要使用相对较厚、较硬的杂志。然后逐步过渡到薄的纸，让孩子逐渐体会力量控制的精髓。

　　如果是小一些的孩子，我们可以用凉席来代替这些道具。卷凉席的时候，需要孩子全身参与，这更适合对孩子的全身运动做锻炼。

➢ 传球游戏

【游戏目的及适用年龄】

锻炼孩子的运动感知能力和反应能力。适用于4岁以上的孩子。

【使用道具】

一个材质柔软，不容易弹起的小皮球。

【我们一起做游戏】

1. 告诉孩子："我们一起玩传球游戏吧！"征得孩子同意后，家长与孩子面对面站好，两者之间的距离在1~1.5米之间。

2. 教孩子双手扔球和接球的动作要领。首先是扔球，这个动作相对容易掌握，动作要领与传排球的动作一样就可以。然后是接球，双手悬在胸前，当球抛掷过来以后，及时伸手抓住。

3. 在教动作要领的同时，调整双方之间的距离。调整好以后，开始相互传球。为了增加兴趣，可以进行比赛，看谁接球接得多。

【父母的游戏笔记】

_____

_____

_____

_____

PART 4
行动的节奏和人运动神经的锻炼

 听听专家怎么讲

　　这个游戏锻炼的是孩子的运动神经的反应敏捷程度和运动感知力。我们知道，接球很多时候依靠的是对物体运动轨迹的判断和身体下意识的反应，所以这个运动非常适合锻炼孩子的运动神经。当孩子大一点以后，还可以把这个游戏升级为球类游戏，例如羽毛球等。要注意的是，4岁左右的孩子反应还没有那么灵敏，所以传球不到位，接球失败是常有的事。家长在玩游戏的时候要配合孩子的失误，争取让孩子能够传球、接球成功。这有利于增强孩子的兴趣，逐步锻炼他们的运动神经和运动感知力。

PART 5
帮孩子做好手和脚的锻炼

孩子需要有一双灵巧的手

孩子学习行走的历程

初学走路的孩子要"照顾"

不要让保护成为障碍

孩子需要有一双灵巧的手

与四肢着地的动物相比,人类的上肢和下肢各有其独特的功用。动物的四肢通常会同时发展和工作,人类的四肢则有先后的分别和不同的功用。换句话说,人类的胳膊和腿各司其职。首先我们来看人类上肢的关键——手。

手的作用繁多,表达思想就是其一。观察人类历史上遗留下的文物发现,大量手工艺品会充分证明这一点。不管是哪个文明,其鼎盛发展时期都会出现众多经典的作品。这些经典作品是如此的美妙,以至于再先进的现代化机器都很难仿造出来。即使是那些发展程度不高的文明,也会生产出带有很强烈时代气息的手工艺品,只不过它们大多显得很粗糙罢了!

PART 5
帮孩子做好手和脚的锻炼

手与脚的成长略有不同。

首先是成长目的不同。所有正常人都是严格按照自然规律学习行走和平衡能力的，换句话说，一个身体健全的孩子必然能学会行走，而他的脚也会以此为主要工作。人们知道自己的脚将来所担负的使命，因而也会学习行走。可是人的手将来主要负担什么工作？这个问题恐怕没有人能准确回答出来。因为面对一个婴儿，我们无法马上断言他长大成人后会拥有哪种技能，从事哪种工作。人类工作中需要用手来完成的简直数不胜数。

其次是成长过程不同。脚所担负的责任是大多数陆地动物生存的基础，它甚至关系到大脑的发育。在诸多陆地动物中，只有人类拥有直立行走的能力。与其他动物使用脚尖着地的行走方式不同，人类行走时两个脚掌必须全部着地。而且要直立行走，学会保持平衡是关键。当然，这个学习的过程是非常艰难的，它需要大量的时间和努力的付出才可以。人类的行走过程非常值得研究，不管是生理学、生物学还是解剖学都很有探索的意义。在这方面，我们暂时不做深入研究。

与脚的情况不同，人类的双手是没有这些固定的生物基础的，其发展方向也不如脚明确。那么人类双手的发展是以什么为指导方向的？用排除法去掉生理和心理指导，剩余的就只有大脑指导一项。**手和人类的**

心理密切相关。这里的"心理"不仅指个体的心理,还包括当时社会文明的整体心理发展。就像前面提到的,在人类文明各个时期,手的技能发展都与人的心理发展有着紧密的联系。

我们知道,制作精良的手工艺品当中蕴含着大量人类智慧。两者之间成正比。在中世纪的文明觉醒时期,出现了大量制作精美的思想类书籍和手稿。而在同一时期,与心理、精神相关的所有事物都显得那么华丽。

例如,直到现在,我们依然在为修建于那个时期的华美壮丽的大教堂而惊叹。更令人震惊的是,这种教堂分布在欧洲社会的各个角落。圣·弗朗西斯——据说他的心灵算是最简单纯洁的——曾经感叹:"那些雄伟的教堂不仅是一座座建筑,而且还是点燃人心灵之火的火种。"据说有一次,有人雇用他和同伴去修建教堂,尽管资金不足,他们并没有放弃,而是就地取材,用当地的石头完成了建筑。当人类心中有了某种精神寄托的时候,他们的作品也会折射出这种精神的光辉,而这种光辉需要借助双手的力量才能呈现于世间。可以说,人类所有的手工制品都反映了制作者的精神和他所处时代的时代思想特征。

科学家一直试图还原远古时代人类的生活场景和那个时代人的生理面貌,但是由于缺乏历史遗存和远古遗迹,这个愿望想要从直观的途

PART 5
帮孩子做好手和脚的锻炼

径达成非常困难，于是他们选择从那个时期人类手工制品入手。迄今为止，我们能够找到的远古遗迹都是依靠手工完成的，材制大多是石材。这些遗迹是如何被建造出来的？那些看上去在精美程度上远超当时文明发展水平的手工艺品又是如何出现的？

这些答案姑且不论，至少我们可以得出一个结论：**人的智力是能够影响双手，并在双手制作出的手工作品中融入人的精神和情感的**。也正是透过它们，我们得以一窥当时人类生活的状态。手工制品在人类历史上占有重要的地位，而人类的生存环境之所以能不断改进，也与手工制品的不断进步息息相关。反过来，人类手工制品的进步又源自于哪里？答案显而易见：它随着人类智力的发展而进步。手工制品的作用还不仅限于此。就像前面提到过的，如果人类只是通过语言交流、记录思想，那么相信现在我们根本没有研究古代文明的渠道。幸亏有双手和手工制品。从这个角度说，手堪称大自然赐予我们人类最伟大的财富之一。

人类的双手蕴含着种族的历史，它是神经器官发挥作用的先锋，是人脑命令执行的终端，所以我们在研究儿童心理的时候，必须重视对其手部活动的影响。孩子的智力、心理发育与手的发育同步进行。虽然即使没有手，孩子的大脑也会发育，但无疑比有手的孩子成长缓慢，而且性格上也会有明显的差异。

说到儿童性格的成长,**我们需要清楚一点:绝不能仅仅从心理的角度来分析性格成长的影响因素和过程。因为孩子性格的养成很大程度上与他们是否能在各自的环境中自由运动有关。**一个孩子如果很少动手,甚至很少运动,那么他的性格里面必然会有懒散、执拗、缺乏热情和意志消沉等因素。与之相比,动手机会越多的孩子,其性格养成越好。

孩子的这种情况让我联想到了古埃及。古埃及在艺术、建筑和宗教方面都有不计其数的精美手工作品流传至今。翻译那个时代的碑文,当时给予一个人的最高赞美就是:他是一个有性格的人。而这种赞美在当时的手工艺人圈子里是非常重要的。由此可见,人类手的活动、人类的性格成长和人类社会文明的进步几乎是相辅相成的。要想养育有好心理、好性格的孩子,手的养成、锻炼至关重要。

摘自《有吸收力的心灵》

PART 5
帮孩子做好手和脚的锻炼

 给中国家长的话

早在百年前,蒙台梭利女士就已经敏锐地注意到了手的发育与孩子的智力发育有着非常密切的关系。虽然她是从人类历史发展及手工制品发展的角度来分析这个问题的,但无碍于她一眼看穿问题的本质。近年来,现代医学、生物学和教育学也纷纷从各自的领域对这一观点予以了佐证。

我们知道,人的大脑分为左半球和右半球,两者对人体功能的管理是各有差异的:大脑左半球管理人体右侧的一切活动,与之相对应的右半球则控制人体左侧的活动;左半球具有语言、概念、数字、分析、逻辑推理等功能,右半球则具有音乐、绘画、空间几何、想象、综合等功能。

这些能力的锻炼自然有各自的训练方法,但是对于大脑而言,最直接的锻炼途径还是手的运动。手多运动,多做精细运动,边动作边思考,会极大促进大脑的发育,提升孩子的智力水平。

手的动作在于协调而不在于齐头并进。生活中左利手和右利手非常常见,在我们看来,左利手是"异类",实际上这是认识误区。双手共同练习，有助于提高双手的灵活性，增强孩子手部精细动作的行为能力，同时刺激左右大脑的平衡发展，但是这不意味着孩子必须实现左右手能力的齐头并进。左利手和右利手也没有必要强行纠正。只要让孩子的双手活动能力得到锻炼，实现双手协调动作，就完全可以了。

PART 5
帮孩子做好手和脚的锻炼

孩子学习行走的历程

在研究孩子的运动能力成长时，有两点是我们首先要考虑的：手的发展和行走能力的成长。当孩子长到1岁半的时候，这两个方面的发展开始交汇。

1岁半的孩子开始试图用手去拿离他们有一定距离的东西，这就需要双腿给予支撑和帮助。腿能带领孩子抵达渴望已久的目的地，而抵达目的地以后的动作，则需要由手来完成。长大成人后，腿能够把人带到任何一个他们想去的地方，也因为这个原因，人类的足迹遍布世界各地。但是，一个人在一生中能够给世界留下什么？不管留下什么，都需要用手创造出来。

研究人类的语言发展过程，可以发现听觉在此期间作用甚大；而人类的行为能力发展又与视觉息息相关,因为我们需要用眼睛来确定周围的环境和观察事情的进展。由此,听觉器官和视觉器官与孩子的心理发展就会密切相连。观察环境可以促进孩子心理的成长,只有了解了世界,才能进一步发挥自己的潜能。反过来,心理的发展程度又直接影响、决定了人的认知能力和运动水平,两者相辅相成。也因为这个原因,婴儿无法做任何事情。因为他们的各个方面都没有发育成熟。

孩子首先学会的动作是用手抓、拿。在此之前,孩子会首先将自己的注意力集中在双手上。在此过程中,原本只存在于潜意识里的理解能力开始逐渐变得有了主观意识。这里要提醒大家注意的是,孩子最先关注的不是自己的脚,而是手。

下一个阶段,孩子的行动能力有了进一步的提高,本能的行为开始变成有意识的行为。对于10个月的孩子来说,周围的一切都开始变得越来越有吸引力。这种吸引力让孩子有了一个强烈的愿望:他们不再满足于随手抓住什么,而是希望能够移动自己的身体到更远的地方,尝试触摸更多的东西。

观察了解环境以后,孩子开始行动了。他们会反反复复翻看身边所有自己感兴趣的东西,不停地乱翻抽屉或者收纳盒,将柜子里的衣服拿出来,打开所有能看到的瓶盖,清空小篮子,然后再装满它……在这些

PART 5
帮孩子做好手和脚的锻炼

活动中，孩子逐渐锻炼了自己的双手。

双手成长的同时，孩子的双脚在做什么？与双手相比，双脚接受大脑指挥的时间要晚得多。至少在这一时期，它们还没有开始接受孩子智力和意识的控制。孩子大脑中正在高速发育的是小脑，人类肢体的平衡和肌肉的控制就是由它完成的。换句话说，孩子的平衡能力正在飞速发展。这是一个内在的成长，与孩子周围环境的变化没有什么关系。随着小脑的成长和意识控制力的逐渐加强，孩子逐渐学会了坐、翻身、爬和用腿移动身体。

生理学家通过研究，将人类在能够直立行走以前的学习过程分为四个阶段：首先是学会端坐；接着学会翻身、爬行；第三阶段是站立；最后是行走。在第二阶段，孩子就应该可以用双手抓着大人，脚尖着地移动身体了。但是这时候他们还不会站立。脚掌着地，用正确的姿势站好是第三阶段的标志，可这时候他们依然要扶着东西才可以。最后一个阶段的标志是孩子学会了独立行走，不再需要他人的帮助了。仔细分析这四个阶段就会发现，其成长完全是孩子内部成熟的过程。

学会独自行走的孩子已经获得了自由，或者说他们拥有了独立的资格。这里所说的"独立"是指，孩子能够按照自己的意愿，独立完成某件事情了。这与哲学上的独立非常相似。在哲学家看来，人获得独立是需要通过努力才能实现的。通过努力,在不借助别人力量的情况下独自完成某件事就是独立。

在一定程度上实现了独立的孩子,会进入一个高速发展的时期。虽然这个时期有结束的时候,而且越到后期成长速度越慢,但只要有这个时期,我们就知道应该如何养育孩子了。关键一点是:不要过度帮助孩子,很多时候我们的帮助都是多余的,甚至对孩子的成长是有害的。

对于那些努力想要自己走路的孩子,我们不用主动帮助他做什么。努力与实践是孩子们获得能力的前提与条件。哪怕已经获得了能力,大量的实践依然很有必要。家长要做的就是不限制孩子们的发挥。限制了,就必然会造成阻碍。例如,有些孩子长到3岁多还是由家长抱着外出,不给他们独立行走的机会,那么这种看似爱护的行为,就一定会给孩子练习行走造成障碍。

聪明的家长都不会总把孩子抱在怀里,而是选择让他们独立行走。如果孩子想要动手玩什么,他们也会大方地将之提供给孩子。因为只有多多锻炼动手能力,孩子才会变得越来越聪明。

摘自《有吸收力的心灵》

PART 5
帮孩子做好手和脚的锻炼

给中国家长的话

蒙台梭利把孩子学习行走的过程进行分解,找到了孩子迈出第一步的心理动力:他们希望能够拿到远处的东西,满足自己的探索欲。这个结论现在已经被证实是很正确的。孩子学习走路固然有其生理方面的规律,但强烈的探索欲无疑是重要的心理诱因。根据这个原理,我们可以设计一些适合锻炼孩子行走能力的小游戏。

表1 幼儿肢体运动能力发展标准表

年龄段	阶段名称	发展标准
0~1岁	运动能力发育敏感期	孩子逐渐学会翻身、坐起、爬行、站立和行走。手部运动能力提高,五指功能开始得到区分与发展,抓握能力提高。手眼协调能力逐步提高,能抓住目标物体。
1~2岁	运动能力发育协调期	身体协调性增强,逐渐掌握原地跳跃、慢跑、爬楼等动作。手眼协调能力进一步发展,能够使用简单的工具,能够模仿成人的部分动作。
2~3岁	运动技能学习期	身体协调性已经很好,能够大致保证身体的平衡性和动作的准确性,开始能够使用精细动作,适于学习部分运动技能。

有时候我们会发现孩子喜欢做一些"没什么意义"的活动,例如总是沿着台阶上上下下。这是因为孩子的兴趣与我们眼中的兴趣是有所区别的。我们觉得有些事情没有意思,可是在孩子看来却偏偏很吸引他。还是以沿着台阶上上下下为例,孩子会从这个越走越熟练的过程中获得满足感,为此他们哪怕走得满头大汗也乐此不疲。相反,一些我们觉得很有趣的事,对孩子却没有丝毫吸引力。因为他们还无法完全理解成人的"有趣"到底是什么意思。所以,给孩子准备游戏的时候,一定是要能符合孩子兴趣与欲望的才可以。

　　什么是能够吸引孩子兴趣的游戏呢?很简单,能够让孩子循序渐进地获得进步的游戏,都会让孩子感到有趣。尤其是对1岁多刚开始学习走路的孩子,更是如此。除此以外,能够让父母与孩子一起进行的游戏,也会让孩子动力十足。这两点我们要牢牢记住!

PART 5
帮孩子做好手和脚的锻炼

初学走路的孩子要"照顾"

初学走路的孩子的确需要家长照顾,但是成人们要清楚一点:**我们应该在孩子真正需要的时候出现,而不应该将照顾强加给孩子,更不能越俎代庖。**

这一准则通行于大自然的生物圈里。当一头母象把小象带进象群的时候,其他大象会自觉放慢前进的速度;当小象走不动的时候,象群会停下来等待小象。但是,没有哪头大象会推着孩子走路。在人类世界里,这种现象也普遍存在。我曾经见过一个日本男人陪自己不到2岁的儿子散步。我跟在父子两人的后面,看到小男孩时不时会停下来抱住父亲的大腿,而父亲则会站住不动,任由孩子绕着他玩耍。等孩子玩耍够了,他们才会继续前行。孩子走一会儿就会感到疲劳,在路边坐下休息。父亲面对劳累的孩子不是选择抱他,而是会站在一边等候他。这一过程肃穆而又自然。等一会儿后,恢复体力的孩子又开始和父亲散步……毫无疑问,这是一种非常适合孩子的养育方式。

孩子需要通过大量练习才能掌握行走的能力。尽管人和大自然中很多动物一样拥有四肢,但是真正用来行走的却是下肢,而不会借助上肢。猴子虽然经常用下肢行走,但是它们上肢很长,在行走中可以起到很强的辅助作用。

四肢行走的动物在行走时需要交替地抬起一侧的前腿和另一侧的后腿,并让其余两条腿着地支撑。与之相比,人类在行走时只会用两条腿交替行动。作为大自然中唯一一种完全依靠两腿保持平衡、行走的动物,人类拥有着独特的行走方式。这种方式意味着,动物的行走能力生来有之,而人类则需要经历复杂而艰辛的学习过程。一味的等待永远无法让孩子学会走路,只有主观地去学,才能行走四方。因此,在学习行走的初期,孩子必须不断尝试如何才能依靠双腿维持平衡、行走。尝试就意味着动作的不断调整,就意味着艰辛与汗水。

作为孩子学习走路的第一见证者,父母会满心欢喜地看着他走出第一步。这一步意味着孩子获得了新生,征服了自己。这一步一般发生在1~2岁,从这一刻起,孩子会由一个消极被动的人变为积极主动的人,

PART 5
帮孩子做好手和脚的锻炼

它意味着孩子走上了健康成长的坦途。当然,在此之后孩子依然需要大量的努力才能掌握这种技能。只有这样,孩子才能掌握平衡、迈出稳健的步伐,而在此过程中,给孩子适当的"照顾",让成人学会适应孩子,而不是让孩子适应成人,非常重要。

摘自《童年的秘密》

给中国家长的话

这一小节文章蒙台梭利想表达的意思有些模糊,实际上她是对家长们提出了一个要求:尽量让自己适应孩子。

弱者适应强者是现在社会上的流行趋势,因为两者相比,后者更能够掌握彼此相处的主动权。这一点在成人与孩子之间表现得也很明显。家长要做什么事情,孩子只有服从配合的资格;家长与孩子产生冲突,孩子也大多要顺应家长的需要。例如出去散步,大多数时候孩子是要加快行走步伐顺应家长步速的。如果孩子疲劳走不动了,最可能出现的结果就是家长抱着孩子走。

当然有些家长会说:"我抱孩子是因为孩子要求抱。"可事实上,孩子最开始并不情愿让家长抱着走,他们更喜欢自己走、自己玩耍。可是家长的要求却让孩子只能求助。于是一次、两次……久而久之孩子就养成了"懒"的毛病。虽然孩子让家长抱也有很大的情感依赖和表达的需求包含其中,但是依赖的习惯也很有影响。试想,是不是那些家长经常抱着孩子走的,孩子更习惯于要求家长抱?这一切的根源还在于家长自身。

　　如何"照顾"初学走路的孩子?蒙台梭利已经用案例说得很清楚:家长放下自己的需求,更多地适应孩子的运动频率,会取得很好的效果。这个方法说起来简单,做起来却并不容易,因为要让家长放慢行动频率,放下自己做事情的目的性,伴随孩子,适应孩子,需要很强的自制力和耐力。多等等孩子,少约束孩子的自由,让他们有更多的自主空间,这样久而久之,孩子自然能够获得更多更好的锻炼机会。

PART 5
帮孩子做好手和脚的锻炼

不要让保护成为障碍

刚开始学走路的孩子大多都表现得非常勇敢。他们仿佛受到一种神秘莫测力量的趋势，毫不畏惧——甚至可以说是莽撞地做各种动作尝试。什么困难与危险都挡不住他们前进的脚步。这种大无畏的、不撞南墙不回头的做法让所有在旁边观察的父母都胆战心惊。他们很快从为孩子学会走路而欣喜转变为千方百计保护孩子的安全，于是各种防护措施以非常的速度被加在了孩子的身边。甚至是一些腿部肌肉已经发育到一定程度，能够自主活动的孩子也会被关在安全栅栏和婴儿车里。事实上，这时候的安全措施对孩子来说已经是负面意义远大于正面意义了。

家长们把已经能够独立行走的孩子依然放在婴儿车里推着走有他们自己的理由：虽然孩子会走路了，可是他们走得太慢，而且耐力差，完全跟不上成人的步伐。这样做的不仅仅是带孩子外出的父母,还有专门陪伴孩子的保姆。在他们的眼里,孩子应该去适应成人,而不是成人去适应孩子。成人会以自己的步速走向目的地,孩子则被当作携带品放在婴儿车里。只有到达目的地——例如公园后,成人才会将孩子放出来,给他们活动的自由。甚至,这个"自由"也是有限度的:成人会始终跟在他们的后面,紧盯着他们,随时准备制止孩子做各种危险动作,以防出现意外。

大多数情况下,1岁半到2岁的孩子已经能够走很远的路,并且能够完成爬坡、爬梯子等很多复杂活动了,但是他们走路的目的却完全出乎人们的意料。成人行走都有自己的目的地。为了抵达那里,他们会保持一定规律的步伐专心行走。可是与之相比孩子却不是这样,**他们没有明确的行走目的地,或者说他们行走的目的就是行走本身。他们需要通过这种运动来完善自己的行动能力、释放身体里的能力和满足内心的需求**。因为这个原因,孩子的行走很有特点:步速很慢,没有节奏,随意乱走而没有目标。有时候,他们甚至会因为突然被某个东西吸引而随意更改方向与步速。这种情况下,成人想要适应孩子,那么无疑要对自己的行走方式做出巨大的改变。

在那不勒斯,我曾经见到过一对夫妇,他们养育着一个1岁半大的

PART 5
帮孩子做好手和脚的锻炼

孩子。夏季的一天,他们带孩子去海边玩耍,路上要经过一个长约1英里[①]的陡峭下坡。这段坡路如此陡峭,以至于不管是手推车还是马车都无法通过。于是这对夫妇发现自己遭遇了难题——抱孩子走这么长的路实在是太累了。最后,解决问题的还是孩子自己。他没有让家长抱,而是走走跑跑,时不时停下来在路边的花丛里、草地上坐一会儿,观察一会儿小动物,最终独立走完了这段路。在走的过程中,他曾经花了一刻钟驻足观察一头站在田野里的驴。从那以后的整个夏天,孩子都是自己走完这段险峻而漫长的坡道的,从来没有叫苦叫累过。类似这样的情况还有很多,在西班牙,我还认识两个两三岁的孩子,他们每天都要独自行走1.5英里那么远的路。至于那些不怕辛苦,每天都要在又陡又窄的梯子上上下下爬行一个多小时的孩子就更多了。

  孩子的这些行为在很多成人眼里是很怪异的。一位妈妈就曾经向我咨询过关于她女儿爱发脾气的事情:她女儿刚刚学会走路的那个时候,每次见到梯子——不管何时何地——她都会马上大声尖叫起来。大人们很奇怪她为什么这么做,以为她对梯子很好奇,于是就上前帮忙,扶着她上上下下,结果招来的是孩子更大声的哭闹和一系列焦躁不安的举动。后来,只要成人抱着她上下楼梯,她就会马上眼泪汪汪,情绪激

[①] 1英里=1.609344千米。

动。这又是为什么？妈妈很担心，因为她不知道女儿这种行为的根源在哪里。难道是心理紊乱，又或者只是一种巧合？

这在了解孩子的人眼里并不是什么难以理解的事情。孩子之所以烦躁是因为，她对楼梯感兴趣，想自己爬，又或者只是想把手放在台阶上、坐在台阶上。对于孩子来说，楼梯的吸引力要远大于旁边户外的平地。那块平地有什么好玩的？平平坦坦，没有地方放手，也没有地方供自己攀爬，而只能在平地上走来走去……活泼好动，喜欢跑跳玩耍几乎是所有孩子共有的天性。如果我们去游乐场就能看到，滑梯上从来都是人满为患。孩子们不停地在上面爬上爬下。

走出游乐场，来到穷苦人的居住区，我们会发现，穷人家的孩子总是能够很早就适应车水马龙的街道，毫不费力地躲开飞驰的车轮。他们当中甚至有些身手敏捷的还能稳稳地坐在汽车的窗框上。这无疑是危险至极的。与那些生活优越，身边满是各种安保用品的富家子弟相比，穷人家的孩子从小就被扔到大街上，在成人的环境中挣扎求生。生活境遇的不同直接造成孩子运动能力和反应速度的差异。归根结底，让富家子弟变得反应迟缓，甚至懒散起来的根本原因还是家长为了保护他们而设置的障碍和限制。

摘自《童年的秘密》

PART 5
帮孩子做好手和脚的锻炼

 给中国家长的话

说起保护孩子,现在的家长可是不遗余力,而且这种"保护"还非常全面,涉及孩子成长的方方面面。举一个例子:为了让初学走路的孩子不至于跌倒,很多家长都给孩子购置了学步车。在保护孩子方面,学步车的确起到了一定作用,但是与自己学习走路的孩子相比,使用学步车的孩子明显有学习时间长、效果较差等问题出现。这就是典型的保护过度,以至于让保护成为孩子学习障碍的例子。

孩子的成长过程其实就是实践的过程。他们所学到的每一点技能,都是依靠不断的实践巩固实现的。在此过程中,他们难免会出现磕磕碰碰。如果为了保护孩子不受一丁点伤害而对他们严加保护,甚至越俎代庖,恐怕不仅不能起到很好的锻炼孩子的作用,相反还会让孩子的成长遇到障碍。大胆一些,爸爸妈妈们!

※肢体运动之四肢能力训练

➢ 小脚丫，踢彩球

【游戏目的及适用年龄】

锻炼孩子的腿部运动能力。适用于3～6个月的孩子。

【使用道具】

一个充好气的气球，要求色彩艳丽，根部用细线系好，线留出5厘米左右供手抓握。

【我们一起做游戏】

1. 让孩子躺在床上，妈妈用手抓住系气球的线，吸引孩子的注意力。

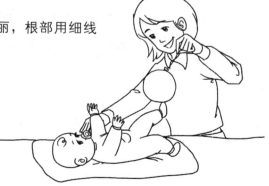

PART 5
帮孩子做好手和脚的锻炼

2. 用气球去碰孩子的左脚,帮助他"踢"气球。一边做动作,一边告诉孩子:"我们的宝宝很棒,踢到小气球啦!"做几次动作以后,换孩子的右脚,重复这一动作。

3. 吸引孩子主动伸出小脚丫去踢气球。

【父母的游戏笔记】

 听听专家怎么讲

游戏的第三步是练习的关键步骤。用气球引导孩子尽量向高处抬腿,但又不能让他们始终够不着,这其中的尺度把握很重要。把握好了这一点,才能够不断吸引孩子的注意力和兴趣,让他们更乐于参与游戏,锻炼腿部运动能力。

➢ 抓玩具

【游戏目的及适用年龄】

通过锻炼孩子的手眼协调能力，促进触觉和视觉的共同发展。适用于0~1岁孩子。

【使用道具】

准备一些孩子喜欢的、色彩鲜艳的玩具，或者是一些能够出声、容易引起孩子注意的玩具，例如拨浪鼓。

【我们一起做游戏】

1. 让孩子找一个舒适的姿势坐好，保持孩子心情愉悦。

2. 用拨浪鼓或色彩鲜艳的玩具在孩子面前摇晃，吸引他的注意力。同时嘴里可以说："宝宝，来抓一抓，这个拨浪鼓多好玩啊……"

3. 当孩子伸手来抓玩具的时候，父母应该视情况决定自己的动作。如果孩子刚开始玩这个游戏，手眼配合还不是很好，家长就可以保持玩具位置不变，等待孩子去抓；如果孩子已经进行了几次训练，手眼配合很好，抓取的位置也正确，家长就可以适当移动玩具的位置，为孩子实现目标增加难度。

PART 5
帮孩子做好手和脚的锻炼

【父母的游戏笔记】

_____
_____
_____
_____

 听听专家怎么讲

　　我们知道,眼睛定位与手准确完成动作之间并不是天衣无缝的。尤其是在孩子刚出生的阶段更是如此。眼睛看到,手触摸到,两者配合才能完成这个游戏,所以它对孩子的手眼协调能力是有非常强的帮助的。

　　在安排这个小游戏时,家长有一点要注意选取的玩具大小要合适,适于孩子抓握,此外要保持卫生,不能带棱带角。游戏中家长应该让玩具与孩子保持一个合理的距离,改变玩具位置时也不要忽远忽近,以防给孩子造成难以定位的困扰。

➢ 放进去，倒出来

【游戏目的及适用年龄】

锻炼孩子的手眼协调能力。适用于年龄为1岁左右的孩子。

【使用道具】

干燥干净的矿泉水瓶两个，直径小于水瓶口的塑料（或木头、玻璃）小球若干。

【我们一起做游戏】

1. 给孩子做示范，用手指捏住小球，将其一个一个放进矿泉水瓶，等全放进去以后，再倒出来。
2. 让孩子重复刚才的过程。

PART 5
帮孩子做好手和脚的锻炼

3. 当孩子能准确完成这一动作后,与孩子比赛,看谁能先把手中的球放进矿泉水瓶。

【父母的游戏笔记】

_____
_____
_____
_____

 听听专家怎么讲

　　孩子的手眼协调能力在8、9个月左右开始进入高速发展的敏感期。所以我们应该寻找一些方法来锻炼孩子的这项能力,因为它直接关系到下一阶段孩子肢体行为能力发展基础是否坚实。这个游戏既能锻炼孩子,又能通过比赛调动孩子情绪,可谓一举多得。游戏中加强对孩子的看护,不要让孩子将小球塞入口鼻中。

➢ 推着椅子走

【游戏目的及适用年龄】

锻炼孩子的四肢力量,协调四肢运动,增强孩子肢体平衡性。适用于年龄1岁左右开始学习走路的孩子。

【使用道具】

一张四腿的、有靠背且靠背与孩子齐胸高的木椅子。

【我们一起做游戏】

1. 准备一把木椅子,在一块相对光滑、平整的地面上,家长先给孩子做一下示范:双手扶住椅子靠背上端,推着椅子向前走。

2. 引导孩子重复家长刚才做的动作。

3. 家长在孩子前方3~5米处张开双臂吸引他的注意,鼓励他向家长走去。这一过程中,家长与孩子之间的距离要逐渐加长。

PART 5
帮孩子做好手和脚的锻炼

【父母的游戏笔记】

_____
_____
_____
_____

 听听专家怎么讲

　　这个游戏是许多孩子小时候都玩过的，它对孩子学习走路很有帮助。

　　现在很多孩子都有学步车，虽然它看上去能够兜着孩子的裆部，更利于孩子学习走路，但实际上却是让孩子的肢体运动训练有些不足，因此很可能会延长孩子学习走路的时间。

　　需要提醒的是，这个游戏因为椅子腿在地上摩擦，所以噪声比较大。现在许多家庭都生活在楼房，所以可能会对楼下邻居造成干扰。所以，在游戏时间和地点上家长要多加注意。

➤ 弯弯曲曲走小路

【游戏目的及适用年龄】

锻炼孩子的下肢行走能力和平衡能力。适用年龄为1~1.5岁。

【使用道具】

报纸，剪刀。

【我们一起做游戏】

1. 用剪刀将报纸剪成宽约15厘米的纸条，然后将之铺在地板上，形成纸条小路。小路的形状各异，有直线，有S线，有三角形，有方形，也有圆形或其他一些不规则图形。铺好后，用胶带固定。

2. 带孩子一起走这些小路。要求孩子把脚完全放在纸条上。当孩子走得熟练一些后，还可以让孩子把两手高举，或者把手背在身后。

PART 5
帮孩子做好手和脚的锻炼

【父母的游戏笔记】

 听听专家怎么讲

　　这种游戏与"独木桥游戏"类似,但与独木桥游戏相比,它更适合年幼的孩子玩耍。由于要求孩子双脚必须放在纸条上,所以很容易形成与走独木桥类似的效果,可以有效锻炼孩子的平衡能力。

119

➤ 爬梯子

【游戏目的及适用年龄】

锻炼孩子的四肢力量,增强孩子肢体平衡性。适用于1.5~2岁的孩子。

【使用道具】

社区健身器材中的斜向和竖向硬质梯子。

【我们一起做游戏】

1. 由成人搀扶孩子爬上斜向梯子。爬的时候,要双脚轮换攀爬。当孩子爬到顶部时,家长要大声鼓励,让孩子充满勇气,然后开始尝试向下攀爬。

2. 当孩子能够相对熟练地完成攀爬动作以后,家长要尝试松手,鼓励孩子自己完成整个攀爬活动。

3. 当孩子能够自己熟练上下攀爬斜向梯子以后,开始鼓励他攀爬竖向梯子。

【父母的游戏笔记】

PART 5
帮孩子做好手和脚的锻炼

 听听专家怎么讲

爬梯子，哪怕是在现代军队中，也是一个常见的训练项目。这是因为它对人体运动技能的考验是全方位的。身体平衡能力、四肢协调能力、肢体力量和勇气、毅力缺一不可。所以，当孩子开始进行全方位的肢体运动能力训练时，我们也可以对他展开这个训练。不过需要注意的是，攀爬硬质梯子对于孩子来说并不容易，甚至在他独自攀爬时还很危险，所以家长一定要提高警惕，防止意外发生。

在幼儿园课外活动中，许多孩子还会去尝试攀爬软梯。软梯对人体的协调能力和体力要求更高。所以当孩子年龄尚小的时候，尽量不要让他们自己去从事这个活动。要想攀爬软梯，至少在5岁以上才可以。

➢ 用汤匙舀豆子

【游戏目的及适用年龄】

锻炼孩子的手部肌肉控制能力。适用于1.5~2岁的孩子。

【使用道具】

豆子，适合孩子抓握的小型汤匙，广口瓶。

【我们一起做游戏】

1. 首先，家长要教给孩子正确的握汤匙的姿势：用拇指、食指和中指捏住汤匙的把。然后家长给孩子做示范，如何把盘子里的豆子放入广口瓶。

2. 尝试让孩子舀一汤匙的豆子，放入广口瓶。

3. 当孩子动作慢慢熟练以后，开始尝试一汤匙舀固定数量的豆子，例如每次舀3个。

4. 左右手轮换进行这个动作。

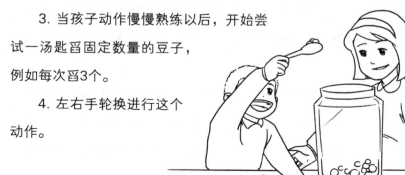

PART 5
帮孩子做好手和脚的锻炼

【父母的游戏笔记】

 听听专家怎么讲

　　这个游戏不仅能够促进孩子手部肌肉群发育,而且在锻炼孩子的耐心、专注力方面也有很强的作用。当孩子熟悉了这个游戏以后,我们就可以把它扩展到生活中去了。在实际幼儿教育中我们发现,这个游戏最明显的一个作用是,孩子能够灵活自由地使用汤匙吃饭了。

➢ 追球跑

【游戏目的及适用年龄】

锻炼孩子的视觉追踪能力,增强孩子肢体平衡性和奔跑能力。适用于1.5~3岁的孩子。

【使用道具】

颜色鲜亮,有一定手感、能抛掷出去的塑料球。

【我们一起做游戏】

1. 先与孩子一起把玩塑料球,让孩子对球的手感、色彩、大小、材质有初步的认识。

2. 来到户外,找空旷的地方,让孩子注意观察家长的动作。家长将小球扔出去,让孩子寻找扔在了哪里,然后捡回来。

【父母的游戏笔记】

_____

_____

_____

_____

PART 5 帮孩子做好手和脚的锻炼

 听听专家怎么讲

可以玩这个游戏的孩子年龄跨度很大,从刚开始会走路到3岁以上的孩子都可以。

游戏的关键点在于,孩子对小球在环境中的辨识度与追踪能力是否能够满足游戏的需要。例如,我们在绿色草地环境中让孩子追踪绿色的小球,与我们在水泥操场环境中让孩子追踪红色的小球,难度必然不是一个等级。所以,在与孩子玩耍以前,我们要仔细设定游戏环境,防止刚刚接触这个游戏的小家伙们受到视觉颜色上的干扰。

当然,随着孩子年龄增大,视觉追踪能力提高,小球与环境颜色混淆和小球投掷距离增大,也可以作为游戏的进阶元素出现。

我们要牢记一点:与孩子做游戏的目的是锻炼孩子的能力,而不是为了给他们出难题或者仅仅为了博得孩子一笑。

➤ 跳格子

【游戏目的及适用年龄】

锻炼孩子的跳跃能力和下肢肌肉强度。适用年龄为2~3岁。

【使用道具】

粉笔。

【我们一起做游戏】

1. 在户外的柏油小路上，用粉笔画上一连串边长为30cm×30cm左右的方格子。

2. 与孩子一起跳格子。家长首先做示范：站在第一个格子里，双脚并拢，两腿发力，一下跳过一个格子到第三个格子里。调整脚步，然后再越过第四个格子，跳到第五个里面。让孩子模仿，开始跳格子的游戏。

3. 画相邻两排格子，家长与孩子比赛，看谁先把属于自己的那一排格子跳完。

PART 5
帮孩子做好手和脚的锻炼

【父母的游戏笔记】

_____
_____
_____
_____

 听听专家怎么讲

　　这个游戏锻炼的是孩子的跳远能力。在家里的木地板上,我们还可以进行另外一个游戏:跳大腿。家长坐在地上,双腿张开,平放在地板上。让孩子双脚并拢跳过一条大腿到两条腿之间的空地上,调整姿势后再跳出去。这个游戏可以锻炼孩子的跳高能力。
　　要注意的是,这两个游戏进行时,都要对地面有所选择,不能挑选太光滑的地面,以防孩子打滑摔倒。

➢ 穿针引线连彩珠

【游戏目的及适用年龄】

锻炼孩子的视觉能力，手眼结合能力和手部肌肉精细动作能力。适用年龄为2~3岁。

【使用道具】

颜色鲜亮、中间有孔的塑料球若干，钝头缝衣针一枚，长线。

【我们一起做游戏】

1. 先与孩子一起把玩塑料球，同时练习穿针。

2. 家长先做示范，用左手捏住彩珠，右手用缝衣针把棉线穿过塑料球，把几个塑料球连接成一个珠串。等孩子看明白整个步骤以后，让孩子自己穿。

【父母的游戏笔记】

PART 5
帮孩子做好手和脚的锻炼

 听听专家怎么讲

　　穿针连彩珠游戏非常锻炼孩子的眼力和手部的精细动作能力。

　　刚开始，孩子很难把针串进珠子，但随着实践次数的增加，孩子会越来越熟练。

　　刚开始的时候，我们提供给孩子的彩珠要大一些，珠子上的孔洞也要粗一些，这有利于孩子完成游戏，建立信心。然后随着孩子年龄增长，熟练度增加，可以逐渐换成小一点的彩珠。

➢ 走脚印

【游戏目的及适用年龄】

锻炼孩子的下肢行走能力和平衡能力。适用年龄为2～3岁。

【使用道具】

报纸，剪刀。

【我们一起做游戏】

1. 用剪刀将报纸剪成小脚印的形状，大小略小于孩子的脚，将报纸用透明胶带粘贴在地板上，脚印之间的间距与孩子的步幅相似。

2. 给孩子做示范：踮起脚尖，沿着粘在地上的脚印慢慢行走。走的时候，可以张开双臂保持平衡。

PART 5
帮孩子做好手和脚的锻炼

3. 当孩子能够熟练地用前脚尖在地上行走以后，再用脚跟着地沿脚印行走。

【父母的游戏笔记】

 听听专家怎么讲

这个游戏可以有效锻炼孩子的腿部肌肉和平衡能力。

这个游戏还有一个玩法：粘贴脚印的时候，注意脚印的方向；让孩子整个足部放平，脚要顺着脚印走。这样做的一个好处就是能够纠正孩子的外八字或内八字问题。当然，训练一开始孩子会非常不适应，但是只要坚持一段时间，而且日常生活中多加鼓励孩子，就可以达到不错的训练效果。

➤ 捡豆子

【游戏目的及适用年龄】

锻炼孩子的手部精细动作能力。适用于2~4岁的孩子。

【使用道具】

一盘大米，绿豆、黄豆若干，几个锁口容器，例如矿泉水瓶。

【我们一起做游戏】

1. 让孩子在桌子前面找一个舒适的姿势坐好，保持心情愉悦。在他面前的盘子里放几十颗大米，再将十几颗绿豆、黄豆掺杂其间。

2. 给孩子做示范：用食指按住盘子中里的一颗豆子，慢慢将其拨到一边。用同样的动作对大米和豆子做分堆处理，将它们在盘子中按照种类分为几个小堆。做完示范后，让孩子自己操作。

3. 将大米和豆子再次混合在一起。给孩子做示范：用食指和拇指捏住一颗豆子，从大米中将其拣出来，放在一个缩口瓶中。注意，同一种豆子放在一个瓶子里。让孩子自己操作，直到将所有豆子全部分类装瓶为止。

【父母的游戏笔记】

PART 5
帮孩子做好手和脚的锻炼

 听听专家怎么讲

捡豆子是锻炼孩子手部精细动作能力的最好训练方法之一。而且，一边捡豆子一边给豆子分类的做法还能帮助孩子提高观察力和感知力。

不过，这个游戏需要父母想办法吸引孩子产生更多的兴趣才能很好地进行下去，否则比较枯燥。常见的方法是，向孩子"求援"。比如我们可以"央求"孩子帮我们完成分豆子的工作。对于急于表现自己的孩子来说，这是一个很有效的办法。

➢ 插花

【游戏目的及适用年龄】

锻炼孩子的审美能力和动手能力,教孩子学习使用剪刀。适用于3岁以上的孩子。

【使用道具】

插花的工具,如多种花朵,剪刀,花瓶等。

【我们一起做游戏】

1. 与孩子一起挑选要插的花朵,向孩子介绍各种花的名字、习性、花期等小知识。

PART 5
帮孩子做好手和脚的锻炼

2. 用剪刀在花枝末端斜剪出断面，用火烤一下断面，然后将花插在花瓶里。

3. 插好所有的花后，根据花的种类和色彩搭配，调整一下插的位置，完成美丽的艺术品。

【父母的游戏笔记】

___

___

 听听专家怎么讲

审美能力是人智力发展的重要组成部分，如何培养孩子的审美能力一直是教育界的一个难题。

通过多年的观察发现，实际上，培养孩子审美能力的最好办法还应该是潜移默化。这个游戏不仅能让孩子增长知识，而且还能够在色彩搭配、造型搭配，甚至是动手能力等多个方面促进孩子的进步。

当孩子长大一些后，这个游戏可以进行下一步的拓展。例如，与孩子一起种花、一起给盆栽修剪枝叶，等等。

➢ 放进去，倒出来（进阶篇）

【游戏目的及适用年龄】

锻炼孩子的手眼协调能力和手部肌肉精细控制能力。适用年龄为4~6岁。

【使用道具】

干燥干净的矿泉水瓶两个，塑料（或木头、玻璃）小球若干，小球直径在5毫米左右。如果没有小球，可以用黄豆代替。

【我们一起做游戏】

1. 给孩子做示范，用左手抓一把小球，然后再用左手将手掌中抓握的小球一个一个放进矿泉水瓶，等全放进去以后，再倒出来。

2. 让孩子重复自己刚才的过程。

3. 当孩子能准确完成这一动作后，与孩子比赛，看谁能先把手中的球全都放进矿泉水瓶。

【父母的游戏笔记】

PART 5
帮孩子做好手和脚的锻炼

 听听专家怎么讲

  这个游戏的动作要领在于,孩子要用同一个手实现抓球、把手掌中的小球运动到手指间捏住,再扔进矿泉水瓶。这一动作难度较高,但它不仅能锻炼孩子的手眼协调能力,而且对孩子手部的精细动作锻炼作用也很明显。

PART 6
适宜孩子做的肌肉锻炼

锻炼肌肉宜于孩子的成长

锻炼孩子肌肉的方法

锻炼肌肉宜于孩子的成长

通过长期的观察研究发现,肌肉发育对于1岁半以上开始自主活动的孩子来说意义重大,尤其是对他们的四肢运动发展更是尤为重要。

在这一年龄段,幼儿开始掌握了一定的活动技巧,兴奋无比的他们更加专注于大量的反复练习和实践,以便让自己的这些能力和技巧得到迅速提高。这些孩子的努力程度是我们这些成人所想象不到的。**他们仿佛是在脑海中听到大自然的神秘低语:你已经长大了,掌握了很多的技能,现在你要做的就是让自己尽快变得强壮起来,否则你之前的努力将前功尽弃……**

很快,能够手脚配合的孩子变得不再满足于小范围的行走,而是想获得更大的活动范围,拿到更多、更重的东西——从某个角度来说,

PART 6
适宜孩子做的肌肉锻炼

人们最开始的行走的目的就是拿到远处的物品。在学会行走以前,孩子已经掌握了用手抓握东西的本领。现在他们又开始练习用手承受重量并移动重物。例如,我们有时候会看到孩子尽全力抱住一个装满水的大水瓶,然后小心翼翼地维持住身体的平衡,一点点移动开去。这个危险的动作就是孩子在进行肌肉锻炼,同时学习如果克服重力。

这一年龄段的孩子还很喜欢抓够位置很高的东西,喜欢攀爬。这种行为的目的并非是要拿到什么,而是想抵达更高的地方,或者锻炼自己的力量。这是这个年龄段孩子的主要锻炼方式之一。

上述例子说明,孩子需要,也正在锻炼自己的肌肉。事实上,从自然需求的角度来说,锻炼肌肉也是非常有必要的,因为一个成年人如果想做成什么事情,必须要有强壮的身体才可以。

摘自《有吸收力的心灵》

给中国家长的话

在日常教育教学中,有些家长对我们提倡的、要对孩子进行肌肉锻炼的说法有认识误区。他们认为,学龄前的孩子身体发育没有完全,这时候锻炼肌肉会有负面影响,其实他们的认识是错误的。

受传统体育教育影响,在中国家长眼里,所谓"肌肉锻炼"就应该是对肌肉强度进行专门的练习,例如做仰卧起坐、引体向上,拉臂力器等。其实这都是成人或者青少年进行肌肉练习的方法,对于0~6岁孩子来说,这些都是不合适的。因为他们的骨骼和肌腱都很脆弱,过度的负重强度练习会让它们成长畸形。

我们所说的"肌肉锻炼"不是指让肌肉做负重的强度练习,而是让每块肌肉都能得到充分的活动,让它们经历"活动练习"。许多人成年以后会发现,自己有许多动作做不了或者做不好。这是因为他们的肌肉与骨骼发育有异于常人?不是的,而是因为他们小时候没有经历过肌肉的能力锻炼,或者说,他们的很多肌肉系统不会科学运动,所以许多动作不会做或者做不好也就在所难免了。

PART 6
适宜孩子做的肌肉锻炼

锻炼孩子肌肉的方法

能够帮助孩子锻炼肌肉的方法主要包括以下几个方面:

1. 基本运动的练习,例如日常生活中的站、走、坐、抓握等;

2. 照顾自己日常生活的行为,例如穿衣等;

3. 参加家务劳动;

4. 参加园艺劳动;

5. 进行某些手工制作;

6. 参加体育活动;

7. 参加韵律活动。

下面我们分别看一下这些活动对孩子的肌肉锻炼究竟有什么意义。

一、照顾自己日常生活的行为

照顾自己日常生活的行为是孩子进行肌肉锻炼最普遍的方法。照顾自己的第一步是穿、脱衣服。我的教具中就包含很多钉有布料或皮革的四方框,其作用就是对孩子们进行这方面的训练。通常,孩子们要逐渐学会扣扣子,系鞋带等。这些小技能贯穿于人类整个文明,是肌肉活动的最简单技巧。训练中,老师会坐在孩子的面前,细致而缓慢地向他们展示动作的全过程,甚至可以进行分解动作的演示,以让孩子能看得更清晰,并尽快掌握动作要领。同样的,打蝴蝶结也是个锻炼作用很强的动作。在教孩子打蝴蝶结的时候,老师会把从整理丝带到最后打结完分成几个步骤,分别演示给孩子看。

类似这样的分解动作练习,不是所有孩子都需要观看学习的,因为孩子与孩子之间有很强的传播学习能力。 他们可以耐心地相互学习,然后把自己看到的每一个分解动作都很仔细地、独立地做好。通常情况下,孩子们会选择一个自己喜欢的姿势坐好,然后兴致盎然地在教具上反复进行练习。随着孩子的双手越来越熟练,动作越来越敏捷,他们会抓紧一切机会,给真正的衣服扣扣子。有时候,孩子显露出来的热情近似于着魔。我们经常看到这样的场景:一些刚学会扣扣子的孩子不仅抢着自己穿衣服，而且想帮周围的小伙伴穿。为了维护自己的这些"乐趣"不被别人抢走，他们拒绝包括成人在内的所有人给他们穿衣服。

二、参加家务劳动和园艺劳动

洗衣服、摆桌子这类家务劳动很适合用来锻炼孩子的肌肉。训练孩子学会并喜欢上做家务，我们也可以使用类似教授扣扣子的方法。而且要注意的是，**在刚开始教孩子学做家务的时候，老师一定不能放手不管让孩子自学，而应该教给孩子最正确的做家务的方法。教授的过程主要靠"身教"，而不是言传。**有的环节可以向孩子解释，大部分则不用。只要孩子仔细观察就好。当看到老师如何摆放桌椅，如何从椅子上站起来，如何取放餐具并很优雅地递给别人时，孩子也会自觉地跟着做。在老师的指导下，孩子们甚至能够学会如何把餐具摆放整齐并保持安静。事实上，这个年龄段的孩子学东西非常快。对于这些学习内容，他们总是表现得很有兴趣、耐心和细心。

在孩子多的大班级里，我们可以安排孩子轮流值日，处理一些类似上菜、洗餐具等家务劳动。实践证明，孩子们很喜欢做这些值日工作。大多数时候，老师根本不会催促他们做什么，因为哪怕是只有两岁半的小孩子，也会自觉自愿地去完成属于自己的那份工作。我们经常会非常感动地看到，孩子们很努力地去模仿成人们的动作，并最终克服困难完成工作。

纽约的雅各布教授曾经向我说过这样一件事：一次，看到一个2岁左右的孩子很不知所措地站在餐桌边冥思苦想。原来，他正在为叉子是应该放在右手侧还是左手侧而苦恼——他忘记老师是怎么做的了。孩子一动不动地站着，努力回忆。旁边几个大一些的孩子静静地站在一边，用鼓励、赞扬的眼神看着他。这一幕让雅各布感动极了。他为眼前这个生命逐渐绽放的过程而惊叹。

在孩子的成长过程中，老师的指导和暗示只不过能给孩子带去一个良好的开端。后面孩子能成长到什么状态，完全看孩子的自我发展状况。在良好的教育环境里，孩子们会相互学习，让自己充满热情和喜悦。受这种成长环境和氛围影响，孩子们彼此会更加充满同情心，遇到困难也会相互帮助。尤其是稍大些的孩子，会对弟弟妹妹们表现出非同一般的耐心和关爱，他们帮助更小的孩子不断进步。在这种环境里，所有的孩子都像是在家里生活那样舒心。这对于孩子来说是多么难能可贵啊！

在"儿童之家"的记录影像里，我们可以清晰地看到孩子们在活动室里走来走去履行自己职责的样子。老师坐在一边，默默地注视、观察着孩子。孩子们的活动各不相同，综合看来就是在模仿成人照顾着自己和身边的一切：洗脸、擦鞋子、清洗家具、给地毯清除灰尘，擦亮计步器上的金属指示器，等等。那些摆放餐具的孩子完全是在独立完成"工作"，而且更令人称奇的是，他们会在内部自己分工：有的人端盘子、有的人摆放刀叉。当孩子们入座以后，小服务员们又开始上热汤了……

三、进行某些手工制作

　　除了家务劳动，园艺和手工制作也很受孩子欢迎。带孩子多多参加园艺活动，已经为广大家长所认同，因为**种植植物、喂养动物会极大提高孩子的动手能力、爱心、责任感和注意力**。"儿童之家"在这一方面无疑走在了教育界的前列，很多学校都受到了它的启发。手工制作方面，我们给孩子安排的是泥塑活动。当然这个泥塑很简单，孩子们要做的只是借用模具等小工具制作一些小瓦片、花瓶和砖块等物品。我们并不是想要获得什么精美的手工艺品，我们的目的是让孩子在制作过程中获益。最后，孩子制作的所有物品都要进窑烧制成成品。

　　泥塑活动的成果不会被浪费，因为那是孩子们下一步活动要使用的原料。用自己制作的亮白色或者彩色的砖瓦，孩子们排成一堵墙，然后使用灰泥和泥铲将砖瓦砌在一起。有的孩子甚至还会挖掘地基，用自己烧制的砖瓦砌成一堵墙或给小鸡等动物建一间房子。

四、参加体育活动

在各种体育锻炼活动中，我们比较推荐的是踩线活动。具体方法是，用粉笔或者鲜艳的颜料在地板上画一条直线（有的时候也可以画一条椭圆形的线），然后让孩子像走钢丝那样前脚接后脚地踏线行走。虽然并不是真的在走钢丝，但是这个游戏对孩子同样有保持平衡的需求，所以孩子们会张开双臂竭尽全力地维持身体的平衡。当然，这个游戏非常安全，因为无论如何孩子也是在地面行走的。在游戏进行以前，老师可以先行示范。这个游戏很简单，善于模仿的孩子只要看老师走一次，就能马上学得有模有样。

此前我们在"儿童之家"进行这个游戏。刚开始，老师身后只有几个孩子跟随，更多的孩子选择在一边旁观。但是当老师离开的时候，孩子们马上就蜂拥而上玩耍起来。大部分孩子都会坚持走完全程，而且他们会努力规范自己的动作，让自己的双脚像刚才老师示范的那样行走，并让身体保持平衡，不至于从线上离开。慢慢地越来越多的孩子会加入其中。过不了多久，整条椭圆线路上就会站满摇晃着找平衡的孩子了。

他们神情专注，一个挨一个地沿着线条行走，眼睛都紧盯着自己的脚。

五、韵律活动

在孩子练习的时候，我们可以为他们播放音乐。例如一些简单的进行曲就可以。**在选曲上，一开始节奏不要很快很明显，但是要能让孩子跟上节拍，能够起到伴奏的作用**。这样一来，当孩子逐渐适应了这个节奏后，他们的走路姿态和频率就会变得非常有韵律了。此外，受音乐的熏陶，孩子的步伐除了变得更优美外，他们身体的其他动作也会变得优雅起来。例如，我们在孩子做踩线游戏的时候播放音乐，会让孩子的步伐越来越流畅。而且，可以随着音乐的变换，逐渐增加游戏的难度。

当然，**刚开始的时候韵律活动对孩子来说还是有不小难度的，我们最适合的做法就是循序渐进**。例如，刚开始我们可以用钢琴弹奏进行曲来给孩子做伴奏，通过连续几天的重复，孩子一定能够找到并且适应这首进行曲的节奏。找到节奏的孩子，必然会用挥舞手臂或者动腿等方式来呼应。此外，这种呼应还会表现在游戏当中。在孩子适应以后，我们再尝试着更换乐曲。

逐渐地，孩子们就能够成为一个懂音乐的孩子。华盛顿的乔治小姐对此深有体会：孩子参加韵律活动后不久，就能够自己边唱歌边做游戏或者日常工作了。"儿童之家"也因此变成了个充满音乐歌声的地方。

摘自《蒙台梭利儿童教育手册》

给中国家长的话

锻炼孩子肌肉的方法有很多，形式也不是像有些人想象的那样，让年幼的孩子进行大负重的肌肉强度锻炼。只要让孩子能够灵活多动，唤醒、开发、增强肌肉功能就可以。这一点上面我们已经进行了说明。

在家庭中，父母们可以根据我们下面给出的训练小游戏锻炼孩子，也可以根据自己孩子的情况编制更合适的训练方法。总的来看，我们可以从大肌肉训练和小肌肉训练这两个方面对孩子进行针对性的训练。

所谓大肌肉训练主要是指针对四肢及躯干等肌肉的训练，它们负责控制举手投足等大动作。这方面的训练很容易进行。只要多多带孩子做户外运动就可以。

小肌肉训练主要是指针对手指、手掌等部位肌肉的练习。小肌肉负责控制细微动作，如数手指、扣纽扣等。生活中，我们会发现孩子有很

PART 6
适宜孩子做的肌肉锻炼

多小的运动瑕疵,例如写字不美、拿筷子不稳,这就与小肌肉控制能力不够好有关系。尤其是现在许多孩子从小就玩电子设备,很少接触例如拼插积木等玩具,其小肌肉发展就难免受到影响,所以我们不妨多让孩子进行一些这方面的练习。

※肢体运动之肌肉能力训练

➤ 原地转圈

【游戏目的及适用年龄】

锻炼孩子的腹部肌肉强度和肢体协调能力。适用于6个月左右开始学习爬行的孩子。

【使用道具】

小摇铃等能发声、可吸引孩子注意力、孩子又很喜欢的小玩具。

【我们一起做游戏】

1. 在孩子吃饱后1个小

PART 6
适宜孩子做的肌肉锻炼

时左右，精神最好的时候，让他趴在床上。在孩子的一侧摇铃，吸引孩子注意。

2. 一边摇铃，家长一边逗孩子："宝宝，来抓这个铃铛啊！"这时候孩子往往就会以肚子为中心，原地开始打转，同时伸手试图去抓铃铛。

3. 当孩子快要抓住铃铛的时候，家长略微挪动铃铛，引导孩子继续旋转。如此一来，孩子就会以肚子为支点，翘起四肢，很可爱地转动起来。

【父母的游戏笔记】

___

___

 听听专家怎么讲

　　这个游戏会让家长和孩子都很高兴，因为孩子旋转的样子非常可爱，家长往往会被逗得笑起来，连带地孩子也会很快乐。要注意的是，这个游戏对孩子的体力消耗非常大。所以不要持续太长时间。也因为这个原因，在做游戏的时候我们要时不时让孩子抓住铃铛，持续增加他的乐趣，同时对孩子进行大声表扬，激发其动力。

➢ 钻山洞

【游戏目的及适用年龄】

锻炼孩子的爬行能力、四肢协调能力和胆量。适用于8~12个月的孩子。

【使用道具】

一个洗衣机或者电冰箱的包装箱。

【我们一起做游戏】

1. 将包装箱放在客厅里，箱子的两端要打开，形成一个方形的纸制通道。

2. 将孩子放在纸通道的一端，父母在另一端拍手召唤孩子，引导孩子自己爬过纸箱通道。

3. 当孩子爬进通道后，家长要及时予以鼓励，直到孩子完全爬出纸箱为止。

PART 6
适宜孩子做的肌肉锻炼

【父母的游戏笔记】

_____
_____
_____
_____

 听听专家怎么讲

　　"钻山洞"这个游戏对于孩子来说是有一定挑战性的。许多测试机构都用这个游戏来测试孩子的运动能力和心理发育水平。这是因为,它不仅要求孩子具有一定的爬行能力,而且要有一定的勇气,能够克服恐惧。所以,如果孩子没能一次完成这个训练游戏,家长不要着急,而是要耐心引导,让孩子多次尝试。

　　在以往的教学中我们还发现,有些孩子对这个游戏显得有些抗拒,这与纸箱通道幽闭的环境氛围有关。如果遇到孩子格外抗拒,不仅单次引导失效,而且在不同时间多次进行引导都没有获得满意的效果,可以暂时停下这个训练游戏,等孩子大一些再进行训练。

➤ 拉大锯,扯大锯

【游戏目的及适用年龄】

锻炼孩子的身体运动协调能力和腰部肌肉力量。适用于6~12个月的孩子。

【使用道具】

无。

【我们一起做游戏】

1. 让孩子平躺在床上,保持孩子心情愉悦。父母伸出两手食指,分别让孩子抓住。

2. 慢慢用力,将孩子拉起来,让孩子从仰躺的姿势变为坐姿,然后再慢慢放下去。在此过程中,父母嘴里念着儿歌:"拉大锯,扯大锯,姥姥门前唱大戏。猫也去,狗也去,小宝宝,也要去。"

3. 重复这个动作3~5次之后,让孩子俯卧,为他按摩、放松腰背部肌肉。

【父母的游戏笔记】

_____

_____

PART 6
适宜孩子做的肌肉锻炼

 听听专家怎么讲

　　这是一个比较常见，但同时也很容易被家长忽视的游戏。虽然简单，但是它可以有效锻炼孩子的腰部肌肉，让孩子为下一阶段的爬、走打基础。要注意的是，游戏时父母要注意孩子的用力方向，不能靠蛮力推拉孩子，而应该让他借父母的引导力量自己完成整套动作。

➢ 宝宝爬行大练习

【游戏目的及适用年龄】

锻炼孩子的肢体平衡能力、肢体协调能力和肌体强度。适用于8个月以上的孩子。

【使用道具】

适于孩子爬行的地垫。

【我们一起做游戏】

1. 父母发现孩子有了爬行的欲望，就开始帮助他尽快掌握这一能力。具体操作上，父母可以帮孩子弯曲双腿，然后从后面用手撑住孩子的双脚，以此推动他前进。

2. 当孩子掌握一定爬行技巧后，让他趴在床上（或者铺着地垫的地板上），前方放一个孩子喜欢的玩具，引导他爬过去拿。

【父母的游戏笔记】

_____
_____
_____
_____

PART 6
适宜孩子做的肌肉锻炼

 听听专家怎么讲

　　当孩子熟练掌握直线爬行以后，开始尝试特殊的爬行方式，比如转向爬行，拐弯爬行等。最后锻炼孩子的是障碍爬行。即在孩子前进的路线上放置障碍，例如一个长条枕头，让孩子翻过它继续爬行。

　　要注意的是，这个枕头不能用软的棉枕，最好是用决明子等硬性填充物制作的枕头。这个游戏持续的时间长短和孩子表现出的兴趣相关。

➤ 大车小车一起开

【游戏目的及适用年龄】

锻炼孩子的肢体平衡能力、肢体协调能力和肌体强度。适用年龄为2岁以上。

【使用道具】

适于孩子爬行的地垫。

【我们一起做游戏】

1. 家长可以与孩子一起爬。爬以前,告诉孩子:"我们是小汽车对不对?小汽车要出发啦!"接着,家长保持膝盖跪地,手掌着地的方式带着孩子一起爬。孩子的动作要和家长保持一致。

2. 爬两圈"小汽车"后,家长对孩子说:"现在小汽车要过山洞啦!"然后家长双手双脚着地,身子支撑起来,形成一个拱形,让孩子从身下钻过。

3. "现在我们变身大卡车!"一边说,家长一边引导孩子改变姿势:双手双脚着地,身体其他部位悬空,向前爬行。

【父母的游戏笔记】

_____

_____

PART 6
适宜孩子做的肌肉锻炼

 听听专家怎么讲

　　爬行是对孩子肢体协调能力和体能进行锻炼的绝佳方法之一。游戏中,家长与孩子一起扮演大车、小车,与孩子一起爬,不仅能达到锻炼孩子的目的,而且能强身健体,促进亲子和谐。

➢ 推小车

【游戏目的及适用年龄】

锻炼孩子的上肢肌肉强度,增强孩子的胆量。适用年龄为2岁以上。

【使用道具】

相对柔软而且有一定摩擦力的地垫。

【我们一起做游戏】

1. 在地垫上活动一会儿,热身。然后让孩子趴在地垫上,用双手撑起上身。家长抓住孩子的双腿缓缓抬起。注意,如果刚开始孩子撑不住,家长可以用一只手托住孩子的腹部。

2. 进行几次练习,当孩子能够撑住身体以后,鼓励孩子挪动双手向前爬行。家长注意配合着孩子的移动。

PART 6
适宜孩子做的肌肉锻炼

【父母的游戏笔记】

 听听专家怎么讲

　　这个游戏的难度较高，有些孩子在刚开始做的时候，会有害怕或者撑不住的情况出现。要给孩子提供一个柔软的地垫，这样不仅可以减少孩子的恐惧感，而且也有利于保护孩子的安全。

➤ 玩沙子

【游戏目的及适用年龄】

锻炼孩子的体力和促进肌肉发育，拓展孩子的想象力。适用年龄为2岁以上。

【使用道具】

细沙、部分玩沙玩具，例如小桶、铲子等。

【我们一起做游戏】

1. 在公园的沙坑或者海边进行该游戏。与孩子一起挖沙，堆成一个沙堡。

2. 用小工具打造沙雕造型。与孩子一起想象，这个沙雕造型像什么。

3. 与孩子一起设计沙雕造型，然后堆砌制作起来。

【父母的游戏笔记】

_____

_____

_____

_____

PART 6
适宜孩子做的肌肉锻炼

 听听专家怎么讲

玩沙子几乎是所有孩子的共同爱好,而且不管是男孩还是女孩都很喜欢。从孩子的心理需求来看,之所以有这种爱好,完全是因为它符合孩子的动作锻炼需求、想象力发挥需求。

➢ 踩影子

【游戏目的及适用年龄】

锻炼孩子的肢体运动能力和全身肌肉的协调能力。适用于2岁以上的孩子。

【使用道具】

无。

【我们一起做游戏】

1. 带孩子在户外活动时，让孩子注意太阳照射下父母的影子。与孩子一起体会影子的特点：人走影子随。人做各种动作，影子会有所变化。

2. 玩"踩影子"的游戏。让孩子踩父母的影子，父母则灵活地躲闪。

3. 孩子能够踩到父母的影子后，游戏升级——父母与孩子互相踩对方的影子。这时候孩子不仅要踩父母的影子，还要躲闪父母，防止自己的影子被踩。

【父母的游戏笔记】

_____

_____

PART 6
适宜孩子做的肌肉锻炼

 听听专家怎么讲

　　踩影子的游戏可以让孩子与父母很好地进行互动。通过让孩子在狭小范围内的躲闪腾挪，有效地锻炼孩子的肢体运动能力。进行这个游戏的时候要注意，要在阳光明媚但又不过于毒辣的时候进行，谨防孩子晒伤或者中暑。

➢ 拔河游戏

【游戏目的及适用年龄】

锻炼孩子的手臂力量和全身肌肉协调能力、平衡能力。适用年龄为2~3岁。

【使用道具】

一根粗细合适的木棒，长度约一米。

【我们一起做游戏】

1. 与孩子面对面站立，然后各抓住木棒的一端，注意要双手持握，木棒放在身体的一侧，而不能正对身体。

2. 开始与孩子做拔河游戏。家长先抓住木棒一端，向自己的方向拉，使木棒向自己的方向移动。然后鼓励孩子向他的方向拉。家长控制

PART 6
适宜孩子做的肌肉锻炼

好力度,让木棒缓缓移向孩子。在此过程中,家长可以用夸张的表情和语气喊:"宝宝好大力气!加油啊!继续拉……"

3. 当孩子熟悉这个过程以后,双方就可以继续一来一去玩拔河游戏了。

【父母的游戏笔记】

___

___

 听听专家怎么讲

拔河需要一个人调动全身的肌肉进行协作才能顺利完成,所以这个游戏很适合孩子进行全身性的运动训练。

玩这个游戏时,有几个要注意的地方:1. 不能使用绳子。因为如果使用柔软的绳子,首先家长不能有效控制孩子一端的运动变化,其次孩子也很可能因为发力不准确而摔倒;2. 家长一定要控制好力度,注意不能让孩子撒手摔倒或者把木棒捅在自己身上。

➤ 吊单杠

【游戏目的及适用年龄】

锻炼孩子的手臂力量和平衡能力。适用于3岁以上的孩子。

【使用道具】

高度较低的单杠,最好能够细一些。

【我们一起做游戏】

1. 先为孩子做一些高度练习,例如将孩子举高,让他适应高度的感觉。

2. 双手托住腋下,将孩子举到单杠高度。让孩子双手握紧单杠,家长帮助孩子保持平衡与稳定。

3. 慢慢松开托住孩子的手,让孩子保持在单杠上悬挂的状态。注意手不要离开孩子的身体,虚扶。过10秒或者孩子明显坚持不住的时候,托住孩子,放回地面。

4. 重复上面的步骤三到四次。

PART 6
适宜孩子做的肌肉锻炼

【父母的游戏笔记】

 听听专家怎么讲

　　这种单杠游戏锻炼的是孩子手部的抓握能力。刚开始的时候，大多数孩子都会出现抓不住单杠的情况。要注意观察孩子的表情和肢体状况，分析孩子抓不住的原因：害怕还是手部力量不足。根据情况有针对性的训练。

➢ 小动物，跳啊跳

【游戏目的及适用年龄】

锻炼孩子的下肢力量。适用于2.5岁以上的孩子。

【使用道具】

小青蛙、小白兔头像头饰。

【我们一起做游戏】

1. 与孩子一起玩：我们学青蛙跳啊跳好不好？然后与孩子分别戴上青蛙头饰，蹲下身子，学青蛙跳。注意跳的过程中不要站起身来。

2. 告诉孩子：小青蛙跳完了，接下来我们要学小白兔跳了。用小白兔头饰替换小青蛙头饰，半蹲身子，一起跳。

【父母的游戏笔记】

_____

_____

_____

PART 6
适宜孩子做的肌肉锻炼

 听听专家怎么讲

　　学动物跳，是陪伴幼儿进行体能锻炼的好办法，即使到了成年，许多人依然在使用这个方法锻炼身体。之所以要学两种动物跳，是因为这样更有利于孩子肌肉的全面发展。不同的跳跃方式调动的肌肉群是不一样的。

　　要注意的是，由于孩子的肌肉强度较弱，而这个游戏对体力消耗又很大，所以游戏时间不能太长。而且，训练时，由于孩子动作掌握能力较差，很可能会出现扑倒在地上等情况，所以有条件的家长可以给孩子穿戴好护具。

➢ 单腿跳

【游戏目的及适用年龄】

锻炼孩子的下肢力量,促进、增强孩子的平衡能力。适用于3岁以上的孩子。

【使用道具】

无。

【我们一起做游戏】

1. 首先,与孩子一起温习以前玩过的单腿站立游戏。等孩子找到感觉后,由家长伸手扶住孩子手臂,引导、鼓励他大胆地单腿跳起来。

2. 等孩子能够单腿跳后,喊起"一二一"的号子,让孩子学会连续单腿跳跃前进。

3. 尝试放开扶着孩子的手臂,让孩子自己单腿跳跃前进。与此同时,尝试让孩子跟着号子节奏跳跃。变换号子的节奏,让孩子能够掌握好跳跃的节奏。

【父母的游戏笔记】

_____

_____

PART 6
适宜孩子做的肌肉锻炼

 听听专家怎么讲

单腿跳跃与单腿站立这两个游戏都有增强孩子平衡能力的作用，但是两者相比，单腿跳跃更着眼于锻炼孩子的肢体协调能力和下肢肌肉强度。

在做这个游戏的时候，我们要注意提醒孩子换腿。受左右脑发育情况影响，很多孩子不仅有左利手、右利手，而且在下肢使用上也有同样的问题显现。所以我们可以锻炼孩子轮换使用两条腿进行单腿跳，这可以有效促进左右脑同时发育。为了增强游戏的趣味性，我们可以与孩子进行单腿跳大赛：划定一段距离，家长与孩子同时单腿跳跃前进，看谁先到达终点。

> "投壶"游戏

【游戏目的及适用年龄】

锻炼孩子的上肢力量、肌肉控制能力,同时促进孩子的手眼协调能力。适用于3岁以上的孩子。

【使用道具】

一个中号敞口塑料桶,一把筷子。

【我们一起做游戏】

1. 选择一个空地,把塑料桶放在中间位置。在塑料桶桶底放置一块重物,例如一个石块,压住桶。在离桶1米左右的地方画一条线。

2. 家长与孩子比赛。一起站在线后面,努力将筷子扔进桶里。在此期间,教孩子学会正确的抛掷方法:将手臂举起,高过肩和高过头都进行尝试,眼睛紧盯塑料桶,然后抛掷。

3. 与孩子尝试各种投掷方法,例如横向、顺向抛掷筷子,看哪一种抛掷方法更容易让筷子准确进

PART 6
适宜孩子做的肌肉锻炼

桶。注意抛掷姿势的变换。

【父母的游戏笔记】

_____

_____

 听听专家怎么讲

　　游戏中，家长可以和孩子比赛，轮流投筷子，各投10支后看谁投进去的多。

　　如果刚开始孩子因为掌握不好重量，以至于投掷不进去，可以用胶带将两支筷子粘在一起。如果孩子再大一些，家长可以尝试带孩子玩升级游戏——投篮球。这个游戏能够帮助孩子学会尝试控制肌肉的力量。

　　锻炼肌肉不仅要锻炼肌肉的灵活度和强度，还要锻炼孩子对肌肉的掌控能力。这个游戏就能够起到这个作用。

➢ 报纸大战

【游戏目的及适用年龄】

锻炼孩子的全身肌肉活动能力。适用于3岁以上的孩子。

【使用道具】

几张大报纸。

【我们一起做游戏】

1. 与孩子一起用力将大报纸卷成长约0.5米，粗细适宜孩子持握的报纸卷，用胶带固定。再卷一张同样长，但是粗适合家长持握的报纸卷，用胶带固定。

2. 家长与孩子各自持属于自己的报纸卷，然后就可以开始报纸大战了！双方用报纸卷互相击打，以在单位时间内打中对方身体的次数多

PART 6
适宜孩子做的肌肉锻炼

为胜利者。

【父母的游戏笔记】

 听听专家怎么讲

　　这个游戏非常适用于这个年龄段的男孩子,因为他们已经逐渐开始有了打斗争输赢的欲望。既然如此,我们就不妨与孩子多玩一玩这个游戏。在游戏的过程中,孩子会通过挥舞纸棒、打斗起到活跃全身肌肉的作用。

　　如果是女孩,不喜欢打斗的游戏,可以为她卷一个小一些、细一些的纸棒,配合音乐,让她当一当小指挥家,也能起到一定的锻炼作用。